AF275378

JASON MILLER

Magia para protegerse y combatir los hechizos

*Aprenda a defenderse de los maleficios
y el mal de ojo*

EDICIONES OBELISCO

Si este libro le ha interesado y desea que le mantengamos informado
de nuestras publicaciones, escríbanos indicándonos qué temas son de su interés
(Astrología, Autoayuda, Ciencias Ocultas, Artes Marciales, Naturismo,
Espiritualidad, Tradición…) y gustosamente le complaceremos.

Puede consultar nuestro catálogo en www.edicionesobelisco.com

Colección Magia y Ocultismo
MAGIA PARA PROTEGERSE Y COMBATIR LOS HECHIZOS
Jason Miller

1.ª edición: Mayo de 2025

Título original: *Protection and Reversal Magick*
Traducción: *Verónica d'Ornellas*
Maquetación: *Marga Benavides*
Corrección: *M.ª Ángeles Olivera*
Diseño de cubierta: *Enrique Iborra*

© 2006, 2023, Jason Miller
(Reservados todos los derechos)
Obra publicada por acuerdo con Red Wheel Weiser LLC.,
a través de International Editors & Yáñez Co' S.L.
(Reservados todos los derechos)
© 2025, Ediciones Obelisco, S. L.
(Reservados los derechos para la presente edición)

Edita: Ediciones Obelisco, S. L.
Collita, 23-25 Pol. Ind. Molí de la Bastida
08191 Rubí Barcelona España
Tel. 93 309 85 25
E-mail: info@edicionesobelisco.com

ISBN: 978-84-1172-284-1
DL B 5820-2025

Impreso en España en los talleres gráficos de Romanyà/Valls, S. A.
Verdaguer, 1 08786 Capellades (Barcelona)

Printed in Spain

Reservados todos los derechos. Ninguna parte de esta publicación,
incluido el diseño de la cubierta, puede ser reproducida, almacenada,
transmitida o utilizada en manera alguna por ningún medio,
ya sea electrónico, químico, mecánico, óptico, de grabación
o electrográfico, sin el previo consentimiento por escrito del editor.
Diríjase a CEDRO (Centro Español de Derechos Reprográficos, www.cedro.org)
si necesita fotocopiar o escanear algún fragmento de esta obra.

Para mi hermosa esposa

Éste es un libro de magia destinado a ser empleado en situaciones de ataque psíquico, mágico y espiritual. En algunos casos, estos tipos de ataques ocultos van acompañados de problemas psicológicos y médicos. Asimismo, algunas personas que sufren condiciones psicológicas graves pero normales a veces atribuyen su enfermedad a la magia. Quiero dejar muy claro que ninguna de las prácticas presentadas en este libro pretende sustituir el tratamiento por profesionales médicos y psicológicos. No puedo insistir en ello lo suficiente.

De este modo, aunque algunas de las técnicas de protección y contramagia pueden resultar útiles en el caso de acoso y amenazas de violencia física, no deben sustituir la intervención de la policía y otras autoridades competentes.

En el libro hay numerosas fórmulas para inciensos, lavados de suelos, hechizos y ofrendas que requieren diversos reactivos botánicos, minerales y zoológicos. La mayoría son inofensivos y unos pocos son tóxicos, pero ninguna de estas fórmulas se debe ingerir.

Por último, se trata de magia volátil, destinada a emplearse en circunstancias extremas y peligrosas. Si intentas ayudarte a ti mismo o a otros usando los hechizos de este libro, debes estar preparado para aceptar las consecuencias de tus acciones.

Los lectores que utilicen la información de este libro lo hacen bajo su propio riesgo, y el autor y el editor no aceptan ninguna responsabilidad si se producen efectos adversos.

Agradecimientos

En primer lugar, quisiera dar las gracias a mi esposa por su paciencia y por animarme mientras escribía este libro. Quiero agradecer a mi familia el hecho de haberme criado en un entorno adecuado para aprender las artes mágicas y por haberme animado siempre en mis actividades esotéricas, por muy extrañas que parecieran o por muy lejos que me llevaran.

Gracias a mis iniciadores, mentores, maestros, amigos e informadores, que me revelaron los secretos de sus artes. Doy las gracias sobre todo a John Myrdhin Reynolds, Namakhai Norbu, Lopon Tenzin Namdak, Kunzang Dorje Rinpoche, Cliff y Misha Pollick, Catherine Yronwode, Tau Nemesius, Paul Hume, Lama Wangdor, Frater Xanthias, Matt Brownlee, Alfred Vitale, B. Gendler, Al Billings, Blanch Krubner, al Dr. Jim, Howard y Amy Wuelfing, y Susan Vuono.

Muestro mi agradecimiento también a todos los miembros de Thelesis Oasis en Filadelfia, la Old Snake Cabal, el Chthonic Auranian Temple, la Hermandad Terra Sancta, el Wild Hunt Club y Ngakpa Zhonnu Khang por su continua fraternidad y apoyo.

Por último, debo dar las gracias a los numerosos dioses y espíritus que se han invocado en el texto y durante la escritura de este libro. En particular, quiero dar las gracias a Papa Legba, quien bendijo esta obra y abrió muchas puertas durante su escritura, y a la diosa Hécate, patrona de este libro.

Prólogo

Unas palabras sobre la magia en este libro

Este libro es un intento de ir un paso más allá de los libros tipo «101 maneras de…» que parecen llenar las estanterías en la actualidad. Aunque doy por sentado que el lector ya tiene algún conocimiento sobre brujería y magia, quiero dedicar unos instantes a definir términos y a hablar de los enfoques de la magia adoptados en este libro, que podrían ser distintos a los que estás habituado.

Lo primero que quiero dejar claro es que éste es un libro de *brujería* defensiva, no de wicca. Aunque muchas personas usan los dos términos indistintamente, la brujería abarca un espectro mucho más amplio que la wicca, la cual podría considerarse un tipo de brujería religiosa particular. La brujería, de la manera en que usamos el término en este libro, es un *arte,* e implica un tipo de hechicería y misticismo práctico que incluye en su práctica elementos de lo ctónico, lo Lunar, lo femenino, etc. Como dijo Robert Cochrane cuando le preguntaron qué es una bruja o un brujo:

Si alguien que dice ser un brujo o una bruja es capaz de realizar labores de brujería, es decir, puede invocar espíritus y éstos vienen, puede convertir el calor en frío y el frío en calor, puede encontrar agua con una varita, con los dedos y los pájaros, entonces puede reivindicar el derecho a los presagios y tenerlos. Por encima de todo, puede adivinar el Laberinto y cruzar el Leteo. Si es capaz de hacer estas cosas, entonces estás ante un brujo o una bruja.[1]

Ciertamente, la magia en este libro es aplicable a los wiccanos y a los paganos, pero podría emplearse con la misma facilidad por magos ceremoniales, hechiceros, o cualquier persona que acepte los principios básicos de la brujería operativa.

Para evitar hacer un refrito de los mismos viejos rituales que se han explicado una y otra vez, me he esforzado para que los hechizos y los ritos de este libro fueran lo más originales posible. Dicho esto, además, he recibido una formación sobre formas de magia tradicionales de todas partes del mundo y muchos reconocerán las raíces tradicionales en mis rituales.

Puesto que éste es un libro de *magia práctica*, no he realizado ningún esfuerzo por centrarme en una tradición excluyendo a otras. Así pues, encontrarás hechizos que tienen sus raíces en la hechicería afroamericana, junto con otros inspirados en la magia popular europea y otros que surgen de la hechicería tántrica himalaya. Después de todo, la técnica es la técnica, y lo que funciona, funciona, tanto si se trata de magia como si se trata de una maquinaria. Como dijo Aleister Crowley: «Deja que el éxito sea la prueba».

Para mostrar respeto por estas tradiciones en su propio contexto cultural, te animo a que consultes el material del Apéndice A para estudios posteriores.

Por último, he dedicado esta obra a la diosa Hécate en sus diversas formas. La mayoría de los hechizos y conjuros expresados verbalmente la invocan, o bien a espíritus relacionados con ella. Estos conjuros hablados pueden ser modificados o sustituidos para encajar mejor con la disposición, el gusto y la tradición de la persona sin cambiar la naturaleza general del hechizo. A algunas personas les agradan los pareados que riman, mientras que otras los encuentran tontos. A algunas les

---

1. Carta n.º 8 de Robert Cochrane al mago ceremonial William Gray.

conmueven los conjuros en latín y en griego, y otras insisten en trabajar sólo en español. Toma estos rituales como base y hazlos tuyos. Al hacerlo, estás participando en la auténtica tradición de los brujos y brujas blancos de toda la historia, lo cual hace que la brujería siga siendo una tradición viva en lugar de una colección de letanías estáticas.

Introducción
a la nueva edición

D éjame que te cuente cómo nació este libro.

Allá por los felices días de 2005 había una página web llamada Witchvox que publicaba temas mensuales. No recuerdo el tema exacto al que respondí, pero tenía que ver con los hechizos y su relación con la brujería. El sitio estaba absolutamente desbordado de artículos breves que aseguraban a todo el mundo que nadie necesitaba molestarse con hierbas o instrucciones apropiadas o realmente nada en absoluto aparte de su intención. Independientemente de lo que enseñen los libros, la historia o la tradición, estos artículos aseguraban a los lectores que lo único que importa era lo que ellos considerasen correcto.

A esta montaña de malas ideas se sumó un artículo de un conocido autor pagano, Carl McColman, que consideraba que los hechizos no sólo eran ineficaces para conseguir resultados reales, sino que en realidad distraían de las auténticas enseñanzas espirituales que el paganismo como religión tenía que ofrecer.

Nunca antes había enviado nada a Witchvox, pero tenía que presentar al menos una voz disidente contra lo que yo veía como una desestimación de la magia en sí misma. Alguien tenía que decir que las brujas y los magos del pasado no llevaban minuciosamente libros de hechizos y formularios porque la intención era lo único que importaba. Alguien tenía que decir que no, que escribir la palabra «galangal» en un trozo de papel e introducirlo en una bolsa de mojo no era lo mismo que utilizar realmente la raíz de galangal. Por encima de todo, alguien tenía que decir que si quieres buscar las raíces antiguas de la brujería, el oficio literal que hacen las brujas, se encuentra mejor examinando la rica tradición del trabajo con hechizos, no en religiones que se inventaron en gran parte en el siglo XX.

Mi artículo llamó la atención de uno de los editores de McColman, New Page Books, que se puso en contacto conmigo para ver si quería escribir un libro. Dije que sí, por supuesto. Quería escribir sobre un tema que, en mi opinión, la gente no se tomaba suficientemente en serio en aquel momento. Así nació *Magia para protegerse y combatir los hechizos*.

Carl, por cierto, se convirtió al catolicismo y es uno de mis escritores favoritos sobre mística católica. Si quieres conocer las tradiciones contemplativas cristianas, te recomiendo sus libros y su página web. Sin embargo, si deseas preguntarle cómo hacer que santa Marta domine a tu jefe en el trabajo, o cómo hacer una novena a santa Sara para obtener habilidades adivinatorias, es mejor que se lo preguntes a otra persona, porque ésos son hechizos como cualquier otra cosa.

Así pues, mi pequeño libro tiene ahora dieciséis años. Red Wheel / Weiser compró New Page Books y aquí estoy intentando actualizar mis pensamientos. En lugar de enredar con el contenido de un libro que ha resultado tan útil a tantos, he optado por incluir notas al final de cada capítulo. Existe, sin embargo, una gran cuestión que hay que abordar de frente.

Cuando escribí este libro en 2006, sentía que la gente no se tomaba la magia muy en serio. A menudo me encontraba con la idea de que cualquier bruja «de verdad» no maldice debido a la ley del karma. Algunos me decían que eran inmunes a los ataques psíquicos porque desterraban a diario o llevaban un pentagrama como protección. La mayoría de los maestros tachaban por reflejo de ilusos o propensos al drama a cualquiera que afirmara que estaba gafado, maldito, atacado o que sufría enfermedades cruzadas.

Al haber crecido rodeado no sólo de paganos y magos ceremoniales, sino también de trabajadores de raíces, bokors y otras variedades de hechiceros, sabía que la gente de vez en cuando maldecía a los demás. Los objetos para maldecir se vendían mucho en las herboristerías y tiendas de conjuros que frecuentaba. No sólo eso, sino que los propios espíritus pueden ser la fuente de ataques psíquicos y condiciones cruzadas cuando se les ofende.

Originalmente escribí este libro para decir que los ataques mágicos y las condiciones cruzadas son muy reales, y que es un error descartarlos sin más. Quería proporcionar herramientas que ayudaran a evaluar, proteger y, si fuera necesario, revertir estas fuerzas de forma realista.

Si el objetivo era conseguir que la comunidad en general se tomara en serio los ataques psíquicos, espirituales y mágicos, puedo decir, dieciséis años después, que tuve éxito. Quizá demasiado.

Actualmente me parece que una buena parte de los paganos, brujas y magos que conozco ahora están extrañamente aterrorizados de la magia que hacen. La gente invoca espíritus y luego se asusta cuando los espíritus aparecen. Las brujas queman velas a medianoche y se asustan si la cera derretida parece siniestra. Invocan a espíritus del inframundo y luego piensan que están siendo atacados desde múltiples fuentes, pero no pueden dar ninguna razón sólida.

Así que ya que tengo que actualizar esta introducción, vamos a retroceder un poco. Sigue siendo cierto que los ataques mágicos y las obsesiones espirituales ocurren. Eso no significa que sucedan todo el tiempo sin una buena razón.

Ser víctima de un ataque psíquico o mágico es una propuesta atractiva por dos razones: te hace suficientemente importante como para ser maldecido, pero también te libera de cualquier responsabilidad por las cosas malas de la vida. Ser el centro del drama siempre refuerza el ego. Es decir, si la gente se pasa el tiempo maldiciéndote, debes de ser importante, ¿no? Esa sensación de importancia es, de un modo extraño, un estímulo para el ego. Por supuesto, si te atacan, tienes algo a lo que culpar de cualquier cosa que vaya mal en la vida. Puedes decirte a ti mismo que has perdido tu trabajo porque eres víctima de una maldición, no porque hayas llegado tarde sin estar preparado y con aspecto de cama deshecha.

A menudo, alguien que sospecha que está maldito o que sufre enfermedades cruzadas busca una lectura. El lector dirá: «Sí, veo una maldición», y luego le contará que su tía le está maldiciendo. A continuación, acudirá a otro lector que le confirmará que, efectivamente, está maldito, pero que se trata de un chamán a cuyo taller asistió hace unos meses. Un tercer lector también verifica la maldición, pero sugiere que se trata de una maldición ancestral. En lugar de considerar la idea de que al menos dos de estos lectores están equivocados, o sólo parcialmente en lo cierto, la víctima contará con entusiasmo a la gente cómo está siendo maldecida de manera activa por su tía, un chamán y alguien a quien sus antepasados echaron en 1789. ¿Ves el problema?

Como soy autora, varias veces al año la gente me envía correos electrónicos acusándome de maldecirla. Tanto si se lo han dicho por adivinación como si se trata de fantasías chismosas, eso es lo que les han dicho y lo que ahora creen. Déjame contarte un secreto: el número de personas a las que he maldecido en los últimos dieciséis años es CERO. Ni siquiera sé quiénes son la mayoría de estas personas, pero esto ilustra lo atractiva que puede ser la fantasía de estar maldito.

Sin embargo, siempre ha habido gente así. Tanto gente deseosa de ser víctima de una maldición como quienes se lanzan a salvarla de su destino. Lo que me preocupa más que el hecho de que la gente crea que está maldita, cuando no lo está, es el miedo creciente que veo en la comunidad. Me encuentro a menudo con estudiantes que viven aterrorizados de perderse un día de oración u ofrenda por si el Dios que han elegido propiciar les destroza la vida. He hablado con conjuradores que no conjuran porque temen no poder desechar lo que invocan. El mes pasado hablé con alguien que llevaba dos años llamándose brujo, pero tenía miedo de hacer un conjuro por temor a que le «saliera el tiro por la culata».

Las precauciones razonables son buenas, pero los miedos viscerales no ayudan.

Supongo que todos los que lean esto saben que la magia no funciona como en *Harry Potter* o *Dragones y mazmorras*. Bueno, tampoco como en las películas de terror. Piénsalo, si la magia es lo bastante fuerte como para llamar a un espíritu a tu presencia, ¿por qué asumir que no es suficientemente fuerte como para desechar a ese espíritu? A menos que elijas creer que toda la magia es un complot muy bien elaborado para engañar a la gente para que se convierta en poseída, no tiene mucho sentido, ¿verdad? Si eso es lo que piensas, ¿entonces qué haces metiéndote en la magia?

¿Hay espíritus que pueden hacerte daño? Claro, igual que hay personas que pueden hacerte daño. ¿Son todos o incluso la mayoría de los espíritus intrínsecamente peligrosos? No. De nuevo, igual que las personas.

Yo tengo casi cincuenta años, así que la gente de la que aprendí tiene ahora entre setenta y ochenta años. La mayoría de ellos llevan invocando espíritus, comunicándose con ángeles e incluso haciendo pactos con demonios desde que yo era adolescente. Les va bien. Notablemente bien, de hecho. Sin grandes tragedias más allá de las normales por la vejez, la mala economía y un entorno que se desmorona.

Entonces, ¿estoy diciendo que es seguro? ¿Que no existe peligro? En absoluto. Este tipo de pensamiento «o lo uno o lo otro» nunca sirve de mucho a nadie. La magia es real y cualquier cosa real tiene peligros, lo que me lleva de nuevo a la introducción que escribí para la primera edición. Es un poco como conducir un vehículo: es peligroso, pero decides que los beneficios compensan los riesgos. Te pones el cinturón y aprendes las precauciones de seguridad, y todo va bien la mayor parte del tiempo a pesar de los riesgos. A veces tienes un problema o un accidente. Rara vez ocurre algo catastrófico.

Los riesgos razonables que nunca podrás eliminar del todo por mucho cuidado que tengas o por muchas precauciones que tomes son cómo ya estás viviendo tu vida. He escrito este libro para ofrecerte mejores protecciones y protocolos, no para sembrar el miedo y la paranoia.

Que los conocimientos del libro te ayuden a mantenerte seguro en tu viaje, pero también te recuerden que no existe la seguridad total.

JASON MILLER
Beltane 2022

Introducción

Vivimos en un mundo peligroso. Dejando de lado por un momento la magia y la brujería, todo lo que hacemos tiene algún elemento de peligro, por mínimo que sea. Cada vez que te pones detrás del volante de un vehículo, viajas a un lugar desconocido, o dejas que una persona nueva sepa dónde vives, estás flirteando con el peligro. Con algunas paranoicas excepciones, la mayoría de nosotros acepta esos peligros y continúa con su vida. El motivo por el cual conseguimos hacerlo sin miedo es porque tomamos precauciones razonables. Nos abrochamos el cinturón de seguridad, aprendemos a juzgar a las personas y sabemos cómo ponernos en contacto con las autoridades si es necesario. El mundo es peligroso, pero lidiamos con él.

Ciertas ocupaciones y actividades incrementan el peligro en tu vida. Un policía o un paracaidista tienen una vida más peligrosa que un oficinista. Ellos toman precauciones adicionales para enfrentarse a los peligros específicos de sus profesiones. En algunos casos, como en el del policía, la persona ayuda a otras personas que necesitan enfrentarse a sus propios peligros.

El camino del mago, el brujo o la bruja tiene sus propios peligros. Paul Huson, en su libro *Mastering Witchcraft*, advertía: «En el momento en que pones un pie en el camino de la brujería, una llamada suena en el mundo invisible anunciando tu llegada». No todos los que oigan esta llamada desearán lo mejor para ti. Para hacer que la brujería sea más aceptable para la corriente principal de la cultura, muchos libros modernos sobre el tema minimizan los peligros o fingen que éstos no existen en absoluto. Si eres una de las pocas personas que verdaderamente van más allá de leer libros y asistir a festivales, y de verdad te ensucias las manos practicando el arte de la magia, sin duda encontrarás que en algún momento de tu práctica necesitarás defenderte de fuerzas ocultas que han sido lanzadas contra ti. De hecho, yo argumentaría que el ataque mágico y psíquico ocurre con mucha más frecuencia de lo que muchos sospechan.

Es posible que no sólo tengas que enfrentarte a ataques ocultos, psíquicos y espirituales a tu persona, sino que, al igual que el policía, a veces una bruja (o un brujo) es llamada a interceder contra estas fuerzas por otras personas. El papel de protector y exorcista es uno de los roles sociales más antiguos de los magos, y todavía se representa en las culturas tradicionales. He notado que actualmente los términos «hombre astuto» o «mujer astuta» están experimentando un renacer en ciertos ámbitos de la brujería. Lo interesante y un tanto irónico de ello es que en realidad el hombre astuto histórico se habría dedicado a combatir la brujería. Ciertamente, la «brujería» que ellos detectaban y derrotaban no era el resultado de una determinada religión, como la wicca, sino más bien de cualquier tipo de ataque psíquico, espiritual o mágico. Él o ella habría tenido un consultorio profesional al que cualquiera podía acudir si sentía que le estaban haciendo un maleficio. Estos hombres y mujeres «astutos», los auténticos, eran en realidad brujos y brujas. Aunque no eran necesariamente paganos, eran practicantes de la magia folclórica y ritual.

Estoy convencido de que la capacidad de identificar un ataque oculto, protegernos de él e invertirlo es tan relevante para las brujas y los hechiceros de hoy como lo era para el «hombre astuto» del pasado. Nunca antes había habido tantos conocimientos sobre magia y ocultismo tan al alcance del público. Nunca antes habían tropezado tantas personas sin miramientos con las prácticas arcanas que antes solían ser secretos celosamente guardados. Aunque algunos libros introductorios sostienen que los peligros de lo oculto son pocos y que los ataques mágicos son poco frecuentes, la experiencia me ha enseñado que no es así. He descubierto que el ataque mágico, ya sea por circunstancias adversas producidas por nuestros errores mágicos, por intrusiones de espíritus obsesivos, o por ataques deliberados de otros magos y brujos, suele ocurrir con mucha más frecuencia de lo que la mayoría de ocultistas se imagina. De hecho, como hechicero profesional, puedo decir que muchas de las personas que contactan conmigo lo hacen porque necesitan una defensa mágica; son magos y brujas o brujos de algún tipo que simplemente no tenían ni idea de que pudieran llegar a tener un problema que no pudiera ser solucionado con buenos pensamientos y unos cuantos pentagramas dibujados en el aire.

Todos estamos destinados a hacer cosas distintas. Durante los años que he pasado estudiando lo oculto y practicando la magia, me ha quedado claro que parte de mi destino o *karma* incluye ayudar a las personas a defenderse de los ataques mágicos y las obsesiones de los espíritus. Mucho antes de haber hecho públicos mis servicios, la gente me buscaba para que la ayudara con este tipo de problemas. Debido a esto, me he propuesto estudiar los métodos de exorcismo, contramagia, protección e inversión en todos los sistemas de magia que he encontrado, desde la brujería y la alta magia europea hasta el tantra himalayo y el anticuado vudú norteamericano.

He estado en el extremo receptor de ataques mágicos y conozco la paranoia, la frustración y el terror que pueden provocar. También he hecho maleficios y he gafado a otras personas cuando he sentido que surgían motivos justificados, de modo que conozco la mentalidad del atacante y las repercusiones de utilizar una magia ofensiva. No he obtenido estos conocimientos sin un coste, y preveo que la transmisión de ellos tendrá un coste, aunque todavía no sé cuál será.

No estoy sugiriendo que todo el mundo necesita especializarse en este aspecto de la brujería y, ciertamente, no quiero que nadie se ponga paranoico por unos peligros potenciales, pero si vas a practicar la magia, deberías poder defenderte de los ataques y lidiar con los problemas cuando surjan. Si consigo transmitirte unos conocimientos con este fin, entonces habré realizado mi propósito.

Como decían los magos del antiguo Egipto: «Cheper en emdo jen, shesep en heka-o jen» («¡Que tus palabras ocurran, que tu magia brille!»).

Capítulo I

Reconocer un ataque

Las fuentes del ataque

Puesto que éste es un libro sobre defensa mágica, la primera pregunta que hay que responder es: ¿de quién o de qué nos estamos defendiendo? Según mi experiencia, por lo general, el ataque oculto y las circunstancias adversas provienen de alguna de estas cuatro fuentes: (1) espíritus ofendidos que actúan en respuesta a acciones ofensivas, (2) personas que entran en lugares de poder sin estar preparadas y son afectadas negativamente por el ambiente, (3) pasos erróneos o promesas solemnes rotas en la práctica oculta y (4) ataques de otros practicantes.

Espíritus ofendidos

Los seres humanos no están solos en este mundo. El planeta es un organismo vivo y muchas culturas tradicionales reconocen que todo el espacio está lleno de conciencias y energía. Si vivimos de una forma descuidada y contraria a nuestro entorno, podemos entrar en conflicto con diversas inteligencias y espíritus que comparten nuestro espacio. Nuestros mundos se superponen y, aunque no podemos percibir su presencia fácilmente, es cierto que nos afectamos los unos a los otros. A través de los actos de quemar y tirar basura, de obstruir ríos y lagos, de construir ciudades y de otras acciones en las que alteramos el medio ambiente natural, corremos el riesgo de provocar el enfado de estos seres espirituales y de ser el blanco de su ira. Gran parte de la medicina tradicional y del chamanismo en las culturas indígenas está dirigida a lidiar con las enfermedades causadas por estos espíritus.

Cuando vivía en Nepal, un conocido mío enfermó grave e inexplicablemente. El hospital no lograba averiguar qué le ocurría y le sugirieron que fuera a ver a un médico de la medicina tibetana. Éste percibió que esta persona había hecho enfadar a un grupo de Nagas, espíritus-serpiente ctónicos, al bañarse en una determinada charca durante una excursión. Le dieron algunas medicinas para los síntomas, pero más importante que tratar esos síntomas era exorcizar a esos espíritus y que la persona afectada les hiciera algunas ofrendas y les pidiera perdón. Eso fue lo que hizo y, poco tiempo después, empezó a mejorar. Puesto que los espíritus están hechos de energía y conciencia, pueden afectarnos en esas capas sutiles y filtrar el efecto hacia los niveles físicos de nuestros sistemas nervioso e inmunológico. También pueden afectar a nuestro estado emocional y al proceso de pensamiento. Por ejemplo, hay otros espíritus en el Himalaya, llamados los Gyalpos, que son conocidos porque les gusta provocar el odio y la ira, y se cree son los causantes de varias guerras.

Aunque el mundo moderno no reconoce estos peligros, todos los paradigmas mágicos tienen alguna manera de enfrentarse a ellos. Lejos de ser la providencia únicamente de los chamanes tribales de Asia y África, las brujas de la antigua Europa prescribían muchísimos remedios contra las incursiones de los espíritus, al igual que los grimorios medievales de magia ceremonial. En el Testamento de Salomón, por ejemplo, que es la base de muchos grimorios famosos, como la Goetia, se nos proporciona una lista de espíritus que provocan diversas enfermedades y de las fuerzas angélicas que los ahuyentan:

Entonces les planteé la pregunta: «¿Cómo os llamáis?».

El primero dijo: «Yo, oh, Señor, me llamo Ruax, y provoco que las cabezas de los hombres sean ociosas y robo el contenido de sus frentes. Pero sólo con oír las palabras "Miguel, encarcela a Ruax", inmediatamente me retiro».

Y el segundo dijo: «Yo me llamo Barsafael, y hago que aquellos que a los que les llega mi hora sientan el dolor de la migraña. Sólo con oír las palabras "Gabriel, encarcela a Barsafael", inmediatamente me retiro».

El tercero dijo: «Me llamo Arotosael. Hago daño a los ojos y los lesiono gravemente. Sólo con oír las palabras "Uriel, encarcela a Aratosael" [sic], inmediatamente me retiro».

Ambiente oculto

Dado que atraemos la ira de los espíritus simplemente al vivir nuestras vidas cotidianas, queda claro que el problema se agrava enormemente cuando nos encontramos con lugares de poder en los que se concentran grandes cantidades de fuerzas ocultas o en los que hay presencias perturbadas. Puesto que nuestro mundo moderno ha hecho que nos desconectemos en gran medida de nuestra sensibilidad psíquica natural, la mayoría de la gente se pasea por esos lugares sin notar nada peculiar. No obstante, algunas personas que son sólo un poco sensibles a esas fuerzas pueden descubrir que esa sensibilidad aumenta de una forma incómodamente drástica en ciertos lugares y circunstancias, y así llegamos a nuestra segunda fuente de ataque: el ambiente oculto. Hay muchas historias de personas que han sido «tocadas» por lugares dedicados a los espíritus. Si un bello templo o círculo de árboles puede inspirarnos por su poder, entonces tiene lógica que ciertos lugares nos toquen de la manera opuesta, perturbando nuestra energía y poniéndonos en contacto con fuerzas maléficas.

Estos lugares pueden ser naturalmente poderosos debido a una acumulación de energía geopsíquica como, por ejemplo, un nexo de líneas ley o un montículo de seres feéricos, pero también puede haber algunos que hayan adquirido su poder por actos de los humanos, como, por ejemplo, antiguos santuarios, cementerios o sitios en los que ocurrió algo psíquicamente fuerte, como un asesinato o una violación, o incluso una sesión de espiritismo realizada mucho tiempo atrás. Cualquiera que fuera la causa de esta potencia, estos lugares pueden encender el potencial psíquico de las personas que pasan ratos en ellos. Sin una formación y una orientación, el cambio repentino en la percepción llegará como una conmoción y hará que algunas personas se

27

vuelvan vulnerables a fuerzas que ellas jamás supieron que existían. Incluso si los poderes son benignos, el cambio en la percepción simplemente puede ser demasiado grande como para poderse manejar.

Si la gente corriente es perturbada sin saberlo por espíritus y los «poderes existentes» por haber invadido accidentalmente el mundo invisible, resulta lógico que el hechicero, que se gana la vida contactando con lo invisible, se enfrente a esos peligros incluso con mayor frecuencia. La diferencia es que el brujo o la bruja ¡está en posición de hacer algo al respecto! Hay un antiguo tópico en la magia que advierte: «No llames a aquello que no puedas derrotar». El problema de este consejo es que es difícil saber exactamente qué es lo que uno puede derrotar hasta que uno tiene la oportunidad de llamarlo. Podríamos jugar sin peligro si no llamamos a nada en absoluto, pero la mayoría de ocultistas desea aumentar sus conocimientos y su poder conociendo sus límites y superándolos.

Aunque hay un estigma en ciertas prácticas clásicamente faustianas, como la evocación y la nigromancia, es fundamental saber que incluso las prácticas habituales como trazar círculos, leer el futuro, adivinar y crear poder pueden iluminar el plano astral y hacernos más perceptibles para los habitantes de los mundos sutiles. Esto, a su vez, aumenta nuestras probabilidades de atraer energías maléficas o traviesas entre todos los demás seres con los que nos encontraremos. Naturalmente, cuanto más avanzado y experimentado eres en el campo de la magia, mayor es el potencial de un paso erróneo, pero algunas personas se topan con problemas incluso al realizar un trabajo muy básico. De hecho, la experiencia me ha enseñado que algunas personas con problemas emocionales y con enfermedades mentales utilizan la magia para buscar ayuda para resolver sus problemas ¡y acaban descubriendo que el problema es exacerbado incluso por las prácticas de destierro rudimentarias!

Promesas solemnes rotas

Aparte de la experimentación, hay otra forma en que nuestra práctica se puede volver en contra de nosotros que, sorprendentemente, pocas personas tienen en cuenta, y es cuando rompemos las promesas solemnes de la magia. Si rompemos las promesas que hicimos durante las iniciaciones, o las ceremonias de adquisición de poder, o incluso las promesas solitarias a dioses y espíritus fuera del ritual formal, éstas rebotarán contra nosotros y se manifestarán en forma de un ataque. Citaré un ejemplo de mi propia vida: cuando tenía solamente 17 años estaba estudiando el excelente libro de texto de Donald Michael Kraig, *Modern Magick*, y decidí que había llegado el momento de realizar su «Ritual de obligación mágica», que se basa en el Juramento de un adepto menor de la Orden Hermética de la Aurora Dorada. En esta obligación, prometí solemnemente hacer varias cosas, entre las que se encontraban las promesas de no mostrar mis herramientas mágicas a los no practicantes, no mentir y no difundir rumores. En mi juvenil exuberancia, hice esas promesas en presencia de los dioses y los espíritus, y luego no tardé en romperlas. Sentí la repercusión de esto en el momento en que le dije mi primera mentira a mi jefe en el trabajo, pocos días después de haber aceptado la obligación. Mis hechizos dejaron de funcionar durante un tiempo y noté una clara falta de vitalidad. Para corregir la situación, creé otro rito de disculpa y ofrenda, renunciando a la promesa solemne anterior. No deseaba denigrar la práctica de tomar votos. Desde entonces, he hecho varias promesas solemnes mágicas, tanto en solitario como a diversos grupos, y me he beneficiado muchísimo cumpliéndolas, pero ahora soy muy cauto con mis acuerdos. Cuando los poderosos guardianes de una corriente, una asamblea de brujos o una orden mágica son invocados en la promesa solemne, el problema puede ser mayor, y una situación de simples circunstancias adversas, como la que yo experimenté, puede convertirse en ataques directos de los mismos guardianes que solían protegerte. Ten cuidado con los acuerdos a los que llegas.

Ataques de otros practicantes

El último peligro que debemos tener en cuenta, y en el que se centra la mayor parte de este libro, es el ataque proveniente de otros magos, brujos, brujas y videntes. He leído que ningún brujo o bruja *de verdad* haría magia jamás para hacer daño a otra persona o para influir en su voluntad. He visto argumentar que ningún mago ceremonial *genuino* haría daño a otro, porque sabe que la ley del karma se volverá en su contra. También he oído el argumento de que cualquiera que tenga el poder necesario para lanzar un ataque mágico con éxito sería suficientemente evolucionado como para estar más allá de ese tipo de cosas. Lo único que puedo decir es: ¡no te lo creas! Esos argumentos ayudan a vender libros y a hacer que la brujería sea más aceptada por la corriente principal de la sociedad, pero es un poco ingenuo por parte de personas, que deberían ser más inteligentes.

Es reconfortante pensar que todos los brujos y brujas siguen un código moral como los Consejos wiccanos y que, por ese motivo, jamás van a hacer daño a nadie, pero sencillamente no es así. De hecho, si tenemos en cuenta todo el espectro de practicantes de magia y brujería, puedo asegurar que comparativamente pocas personas son fieles a esas reglas. Cualquier propietario de una tienda de ocultismo bien surtida puede informar de que los artículos destinados a la magia dañina y coactiva ¡son los que más se venden! Como la pornografía, esto es algo que nadie reconoce jamás, pero aun así parece ser que lo hacen muchísimas personas.

Desde las Tablas de defixiones griegas, que se preparaban para gafar las carreras, obligar a la obediencia de un amante y derrotar a los enemigos, el «Ayuno Negro» de Mabel Briggs en el siglo XVI, hasta el Doctor Buzzard en Georgia, que echaba polvo de bobos contra los enemigos de sus clientes, un repaso de las prácticas mágicas a lo largo de la historia del mundo nos mostrará que los maleficios y los amarres siempre han formado parte de la brujería en el pasado y que sigue siendo así hasta el día de hoy. Justo unos meses antes de escribir esto, un grupo de hechiceros cabalistas de Israel se reunió en un antiguo cementerio para realizar la Pulsa Dinura, o el maleficio de los Azotes de Fuego, contra Ariel Sharon.[2] En el momento en que estoy escribiendo esto, Sharon está en coma y no se espera que se recupere.

Tampoco debemos pensar que sólo las personas malvadas sin ninguna moral realizan estas actividades. La mayoría de practicantes tiene las mismas reglas para la magia que las que tiene para cualquier otro tipo de acción. Si usasen medios mundanos para vengarse, hacer daño, confundir o influir en otra persona, entonces probablemente se senti-

---

2. 26 de julio de 2005, WorldNetDaily.com

rían cómodos usando la magia para alcanzar los mismos fines. He visto a estridentes seguidores de la «luz blanca» lanzarse a los maleficios cuando sienten que su causa es justa o que están sirviendo a un bien mayor. La trampa, por supuesto, es que la mayoría de la gente *siempre* cree que sus actos están justificados y usa todo tipo de razonamientos para llegar a esa conclusión.

Incluso si no practicas la magia, puedes contratar a un profesional para enviar un maleficio de tu parte. Aunque actualmente la mayoría de trabajadores profesionales (incluido yo) no acepta este tipo de trabajos sin una buena causa, hay quienes llevan a cabo cualquier trabajo por un buen precio. En la mayoría de culturas tradicionales, sería bastante normal que uno se acerque a una bruja y pida que gafen o echen un maleficio a alguien, y sería igual de normal acudir a pedir que lo retiren. Incluso ha habido algunos casos documentados de magos que han trabajado a ambos lados con el mismo cliente, ¡echando el maleficio y luego retirándolo!

Lo que complica las cosas es que no todos los maleficios son intencionados. Es sabido que hay personas dotadas que pueden manifestar maleficios poderosos sin haber recibido ninguna formación ni habérselo propuesto. En Italia, por ejemplo, se cree que el *maloccio,* el «mal de ojo», se echa a través del mero poder de la envidia, el odio, o por el simple hecho de desearle el mal a alguien. Cualquiera que tenga el poder suficiente, la bastante carga emocional y un blanco puede lanzar accidentalmente un ataque psíquico. También es posible que personas de constitución débil o con poca fuerza de voluntad puedan convertirse en parásitos psíquicos, restando vitalidad a la gente de su entorno de manera intencionada. Aunque estos ataques son accidentales, de todos modos hay que ocuparse de ellos.

Identificar un ataque

Si estamos atentos a mantener con regularidad unos rituales de destierro y unas protecciones, la mayor parte del tiempo estaremos bien. De hecho, si mantienes las prácticas del siguiente capítulo, estarás más que bien, porque no sólo te protegerás de influencias mágicas no deseadas, sino que además fortalecerás tu mente y tu espíritu en general. Sin embargo, hay momentos en los que esas protecciones no son suficientes y algún tipo de ataque, accidental o intencionado, puede traspasar nuestras defensas y atacar a nuestra salud, nuestra suerte o nuestro bienestar general. No es una experiencia agradable, pero reconocer un ataque cuando ocurre es el primer paso para combatirlo.

El primer problema que tenemos es que, por lo general, la gente no quiere admitir que está teniendo lugar un ataque. Las personas que no practican la magia tienen más probabilidades de pensar que están volviéndose locas que de creer que están siendo víctimas de un ataque mágico. Incluso si sospechan que puede haber razones ocultas detrás de sus problemas, no quieren decírselo a nadie por miedo a que no les crean o a ganarse una reputación de desequilibradas mentales.

A veces, incluso a los magos les cuesta admitir que están siendo víctimas de un ataque. Muchos tienden a sobreestimar sus capacidades o a creer que las protecciones que utilizan habitualmente son infalibles. Es un golpe para el ego admitir que alguien o algo puede llegar a nosotros, de modo que nos convencemos de que no es así. Esto es particularmente cierto si estás en una posición de liderazgo o de enseñanza en un grupo de magia, donde puedes temer que, si reconoces que has sido víctima de una ataque, es posible que la gente piense que no estás cualificado.

Conozco a una sacerdotisa con treinta años de práctica en su haber que fue atacada hace unos años por la ex mujer de su amante. No quiero decir que la tradición que siguió la ex esposa sea algo maligno, porque no lo es, pero no me equivoco si digo que no es poco habitual maldecir a alguien por celos. Mi amiga sacerdotisa enfermó gravemente, perdió su trabajo, perdió a sus alumnos y casi pierde su casa. Tenía todas las señales de un ataque psíquico, incluso una fuente muy probable con un motivo, pero se negaba a reconocerlo porque se consideraba una bruja consumada que no podía ser víctima de la maldición de otra persona. Finalmente lo reconoció, y ahora las cosas están mejorando para ella.

En general, creo que es bueno tener presente dos cosas. La primera es que nadie está libre de poder ser víctima de un ataque psíquico de cualquier tipo. Los destierros, escudos y amuletos básicos te protegerán de la mayoría de ataques psíquicos accidentales y de las energías maléficas generales que puedas encontrar. Incluso te protegerán de la mayoría de ataques mágicos intencionados, pero ninguna técnica es infalible. No importa el nivel de iniciación que poseas y lo poderoso que creas ser, no eres impenetrable y deberías tener eso presente. La segunda cosa que hay que tener presente es que no hay nada malo en defenderte de un ataque que quizás no esté ocurriendo, pero puedes sufrir un gran daño si ignoras un ataque real y te dices a ti mismo que no está sucediendo. No corras riesgos.

Ciertamente, del mismo modo que hay personas que leen libros de texto de medicina y se convencen de que tienen todas las enfermedades que aparecen allí, también habrá hipocondríacos psíquicos que leerán este libro y se imaginarán que están siendo víctimas de un ataque sin ningún motivo. De hecho, hay algunas personas que parecen pensar que están siendo atacadas constantemente. Es posible que esas personas acudan a ti buscando ayuda, pero son fáciles de identificar.

Normalmente hay una relación inversa entre la insistencia en que alguien está siendo atacado mágicamente y la probabilidad de que realmente sea así. Tanto si se trata de una ilusión como si se trata simplemente del deseo de añadir un poco de drama a sus vidas interpretando culebrones psíquicos, es mejor evitar a estas personas. Quizás al principio no seas capaz de identificarlas, pero pronto te darás cuenta de cuál es su pauta cuando empiecen a venir una y otra vez quejándose de nuevos ataques de «logias negras» y de «magos oscuros». Ciertamente, ninguno de estos grupos tendría ningún motivo para gastar energía atacando a esas personas, excepto por mera maldad, lo cual al hipocondríaco le parece un motivo bastante bueno.

Si te encuentras con este tipo de personas, puedes ofrecerles una simple limpieza o algunas instrucciones para protegerse, quizás un amuleto por si acaso, pero normalmente suelen regresar una y otra vez. Lo mejor que puedes hacer con estas personas es ser indulgente con ellas haciendo adivinaciones y declarando que no las puedes ayudar porque no consigues detectar la fuente de un ataque. No estás contradiciendo directamente sus creencias, tan solo les estás diciendo que no estás en posición de ayudarlas.

Síntomas de un ataque

Cuando tiene lugar un ataque espiritual, puede manifestar sus síntomas de numerosas maneras y con diversos grados de fuerza. Yo divido los síntomas en tres categorías básicas: circunstancias externas, estado mental y estado físico.

Circunstancias externas

Los ataques de esta naturaleza afectan a las probabilidades de acontecimientos, o a la suerte, en la vida de una persona, creando lo que se conoce como «circunstancias adversas». Esto suele empezar con una ligera sensación de que uno no sigue el ritmo del tiempo, como si uno ya no consiguiera llegar al lugar correcto en el momento idóneo. Hagas lo que hagas, descubres que no logras llegar a ningún sitio a tiempo. Esto puede ir acompañado de pautas de mala suerte, y de que todo lo que tocas se estropea. No sólo un pequeño accidente con el coche, sino varios en un espacio de pocos días. Que las cosas se rompan en tus manos o se caigan cuando intentas agarrarlas también son síntomas habituales. La gente no parece tener ninguna paciencia contigo. Las facturas inesperadas se empiezan a amontonar y te parece que el dinero se te escapa de las manos.

Si te dejan solo, las cosas empeoran: pierdes tu trabajo, tu pareja te deja, estropeas el vehículo, te culpan de algo que no hiciste y quizás incluso acabas en la cárcel, o algo mucho peor. Las posibilidades de lo que te puede ocurrir sólo están limitadas por el poder de la persona o el poder que está lanzando el ataque, y por cuánto tiempo permites que continúe.

Hace poco recibí tres multas de tráfico, todas en un lapso de dos semanas. Esto después de que no me hubieran parado jamás en muchos años. Hubo algunas otras cosas que también habían estado saliendo mal, y empecé a sospechar que algo iba mal. Después de algunas lecturas y de pensarlo detenidamente, descubrí que se trataba de un ataque accidental por parte de alguien a quien yo me había negado a hacerle un favor. Simplemente descrucé la situación y el problema se corrigió, pero la persona era un psíquico lo bastante fuerte como para que sus malos pensamientos hacia mí atravesaran mis defensas normales. Si no hubiera actuado, las circunstancias adversas podrían haber sido mucho peores.

Prácticamente todo lo que ocurra tendrá una explicación completamente racional y material. Por sí solo, no significará nada. Pero tomado en conjunto, una larga serie de coincidencias desafortunadas debería ser un buen indicador de que algo va mal. Esto es especialmente cierto si estas condiciones externas van acompañadas de algunos de los síntomas mentales y físicos mencionados aquí.

Estado mental

Una santera que conozco estaba teniendo problemas con su vecino porque éste era ruidoso y desagradable a todas horas de la noche y dejaba basura en su jardín. Le preguntó a su madrina (su maestra) qué debía hacer. La madrina le dijo que hiciera un muñeco que se pareciera al vecino, que le vendara los ojos, le atara los brazos y las piernas, y lo clavara al árbol de su jardín, mirando hacia la puerta principal de la casa del vecino. Esto le chocó un poco a mi amiga, quien dijo: «¡Dios mío! ¡No quiero hacerle daño! ¿Qué ocurrirá?».

«Nada –replicó la madrina–, ¡pero le darás un susto de muerte!».

Unos días después de que mi amiga siguiera las indicaciones de su madrina, el vecino se acercó, pidió perdón y juró una y otra vez que estaba pasando los dos peores días de su vida.

La gente no cree en el poder de la magia para afectar al mundo, pero ve los informes de los antropólogos, y quienes observan que los maleficios suelen funcionar, intentan explicarlo como el poder de la sugestión. Lo que afirman es que se trata de una profecía autocumplida, que si sabes que alguien te ha echado un maleficio, como en el caso de la santera, tu mente reaccionará de tal manera que el maleficio se hará realidad. Hay algo de verdad en esto: la sugestión es algo poderoso y si puedes convencer a alguien de que está siendo atacado, puede manifestar unos síntomas muy fuertes. De hecho, he descubierto que cuando las personas son maldecidas de una forma muy pública y verbal, rara vez hay un ritual o hechizo que lo respalde. Sin embargo, el motivo no es que las maldiciones no funcionen, sino que si alguien realmente quiere lanzar un auténtico ataque mágico contra ti, no te va a avisar.

La mayoría de ataques mágicos y psíquicos manifiestan síntomas mentales en las personas que son su blanco. Antes dije que la sensación de «no seguir el ritmo del tiempo» era precursora de las circunstancias adversas. Hay otros síntomas mentales más serios que también pueden surgir. Algunos ataques, como los telepáticos o hipnóticos, pueden tener *únicamente* efectos mentales. Los ataques coactivos, que no pretenden causar un daño, sino hacer que hagas o dejes de hacer determinadas cosas en contra de tu buen juicio, también tienen principalmente efectos mentales. El hecho de que los síntomas sean mentales no quiere decir que sean menos peligrosos o mágicos.

De lejos, el síntoma mental más común es un sentimiento de desesperación, opresión, ansiedad y miedo sin una causa identificable. La confusión inexplicable o los momentos en los que no puedes concentrarte son habituales. Los sueños agitados también son señal de un ataque.

En algunos casos en los que un espíritu o elemental artificial es el agente del ataque, el blanco puede sentir que lo están siguiendo continuamente. Es posible que oiga voces cuando está solo, vea sombras y contornos de cosas que no están ahí, e incluso que sienta olores que no tienen ningún origen. El olor es una de mis áreas psíquicas más fuertes, y a veces huelo un indicio de azufre o putrefacción como primera señal de un ataque. Aunque menciono esto como un síntoma mental, puesto que no hay una base física para esa sensación, eso no quiere decir que las visiones, los sonidos y los olores no parezcan tan reales como cualquier otra cosa. De hecho, quienes tienen la capacidad de ver pueden percibir mucho más que meros contornos e impresiones de espíritus.

En los casos en los que se está utilizando una magia coactiva para influir en tus actos, ya sea a través de la hipnosis, el control telepático o un hechizo, puedes experimentar compulsiones, afinidades o aversiones inusuales que nunca habías sentido antes por ciertas cosas. Es muy difícil que te des cuenta de esto por ti mismo, porque la mente tiende a justificar estos sentimientos como algo natural, pero si tus amigos y tus seres queridos te están diciendo que estás actuando de una forma distinta a como sueles actuar normalmente, entonces al menos deberías dedicar unos momentos a pensar en lo que te están diciendo. Existe el viejo ejemplo del hipnotizador que instala en una persona la sugestión de que se quite la camisa o salte a un lago cuando oiga una determinada orden. Después de hacerlo, esta persona siempre explicará que hacía mucho calor y que en realidad lo que hizo no fue tan extraño. Pero justo cuando el hipnotizador le pone a la persona la cinta de cuando le transmitió la sugestión, ¡ésta se da cuenta de que hizo algo extraño! La mente es asombrosa cuando hace que incluso las cosas más extrañas parezcan normales.

Puesto que, por lo general, todos nuestros actos son influidos en cierta medida por factores externos, una línea fina separa lo que constituye una influencia habitual de una influencia mágica razonable y de un ataque psíquico. Una buena analogía que hace Dion Fortune[3] es que la influencia normal se parece a alguien que llama a la puerta presionando el timbre desde fuera, mientras que un ataque es como si levantaran las tablas del suelo y tiraran de los *cables del timbre*.

Dejando de lado lo oculto por un instante, actualmente hay empresas y vendedores que están haciendo uso de técnicas coactivas sumamente avanzadas, como los mensajes subliminales y la programación neurolingüística, para influir en tu voluntad. Una parte de ello es limpia pero, en mi opinión, otra parte viene a ser como un ataque, como si hubieran hecho hechicería contra ti. De hecho, si piensas que esto no es un tipo de hechicería, entonces deberías echar otra mirada. Las técnicas que te enseñaré en este libro para defenderte de un ataque psíquico también pueden ayudarte a evitar las técnicas agresivas utilizadas en las ventas y en la publicidad.

Muchas de las señales mentales de ataque mencionadas anteriormente también son síntomas de neurosis mental. Quiero dejar muy claro que las personas que se enfrentan a una depresión, esquizofrenia, ansiedad, trastorno de déficit de atención, o cualquier otro problema psicológico NO deberían reemplazar la terapia normal y el tratamiento psicológico con las defensas mágicas de este libro. El grado en que lo oculto se superpone con la psicología convencional es un tema interesante, pero eso está más allá del alcance de este libro y de mis cono-

---

3. Dion Fortune, *Psychic Self-Defense,* Samuel Weiser, 2001. Publicado en España bajo el título *Autodefensa psíquica,* Equipo Difusor del Libro, S.L., 2005.

cimientos sobre el tema. Probablemente no derivará ningún daño de utilizar los métodos de este libro *junto con* los tratamientos convencionales, pero bajo ninguna circunstancia deberían sustituir al tratamiento médico.

Estado físico

También puede haber síntomas físicos asociados a un ataque. Los dolores de cabeza son una advertencia temprana habitual. Los dolores de cabeza en los que sientes como si el cuero cabelludo estuviera muy estirado sobre el cráneo son particularmente indicativos de un ataque. A veces, cuando nos acostamos para dormir, estos dolores de cabeza se acumulan en un lado de la cabeza, lo que indica la dirección desde la que está llegando el ataque.

Después de los dolores de cabeza, la fatiga es la siguiente señal más común. Esto es particularmente cierto en casos de ataques parasitarios o vampíricos. En los casos parasitarios, una persona con una constitución y una energía débiles le quita energía psíquicamente a otra persona que posee una mayor vitalidad. En la mayoría de los casos, esto no es intencionado y suele ocurrir entre miembros de una misma familia o amigos íntimos, especialmente cuando uno de ellos está en una posición de cuidar del otro, dando lugar así al viejo dicho según el cual «el cuidador se va primero».

En los verdaderos ataques vampíricos, el ataque suele ser intencionado y hay una gran cantidad de material sobre la magia vampírica. El primer tipo de vampiro es una persona viva que quita vitalidad a otras personas, y luego la añade a su propio poder. Hoy en día, esto se ha convertido en una opción de estilo de vida contracultural, y se pueden encontrar muchos libros sobre cómo practicar el vampirismo.

El segundo tipo se acerca un poco más a la leyenda del vampiro en el sentido de que la muerte física ha ocurrido pero, a través de unos medios especiales, la persona ha conseguido no sucumbir a la decadencia astral, o «segunda muerte», y sustentar su forma etérica alimentándose de gente viva. Cuando estaba viajando por Budapest, me hablaron de los hechiceros Magyar, que se especializan en este tipo de magia. Ellos adhieren sus espíritus a personas vivas, permanecen inactivos durante el día, y por las noches abandonan al anfitrión en una forma etérica o casi física y se alimentan. Nunca los he visto, pero según la literatura, se pueden encontrar heridas pequeñas, casi microscópicas, en el lugar donde el vampiro ha atacado.

La fatiga también es habitual en los casos en que la víctima ha sido entregada a los muertos. Esto es famoso en el vudú haitiano, y recibe el nombre de «expedition mort». Hay muchas maneras de hacerlo, pero lo típico es que algo tuyo sea colocado en la tumba de un espíritu que esté dispuesto a hacer el trabajo, y un elemento de esa tumba (normalmente tierra) sea colocado sobre ti o en tu casa. La idea es que has entrado en la esfera de los muertos y los muertos han entrado en la esfera de los vivos. Lo primero se manifiesta como una terrible fatiga, que a la larga acaba produciendo una crisis nerviosa general. Descubres que no puedes mantenerte despierto, aunque hayas dormido durante toda la noche. Cuando estás en la cama, tu sueño es tan agitado que no consigues descansar. Si no se recibe ningún tratamiento, el maleficio puede desembocar en la muerte.

Cuando se utilizan espíritus en un ataque, o cuando ellos mismos están en el ataque, como en el caso de la aparición de fantasmas, la queja más habitual que he oído es la de sentir un peso en el pecho cuando uno duerme. Esto a veces se denomina la «bruja montada» y ocurre con tanta frecuencia que recientemente un profesor de la Universidad de Pennsylvania[4] ha realizado un estudio sobre este fenómeno. En ocasiones, esto va acompañado de la sensación de ser víctima de una agresión sexual. Tampoco es raro desarrollar moratones por haber sido atacado durante la noche. Hace unos diez años, yo mismo vi aparecer esos moratones sin que existiera una causa física cuando estuve vigilando a un amigo durante una noche.

Una enfermedad repentina pero persistente también puede ser el resultado de un ataque. Desde una gripe repentina pero simple, hasta un cáncer grave o una enfermedad no diagnosticable, los maleficios tienen el poder de afectar directamente al caparazón físico. En todos estos casos, se debería buscar atención médica, al menos para tratar

---

4. David J. Hufford, *The Terror That Comes in the Night: An Experience-Centered Study of Supernatural Assault Traditions,* University of Pennsylvania Press, 1982.

los síntomas mientras tu defensa oculta trata la causa. En los ataques muy fuertes por parte de fuerzas poderosas, el resultado del ataque psíquico puede ser un incidente médico como un infarto y un aneurisma, pero esos casos son muy poco frecuentes.

La pérdida de interés en el sexo y la impotencia pueden ser consecuencia de un gafe por parte de un amante celoso o abandonado. Los hechizos para arrebatar la «naturaleza sexual» existen en prácticamente todos los tipos de magia popular del mundo entero, al igual que los métodos para devolver dicha naturaleza.

La obstrucción intestinal también es una de las formas de ataque favoritas, tal como se demuestra en los libros de hechizos como los *Secretos egipcios*[5] de Albertus Magnus y el *Galdrabok* islandés. De hecho, en mi adolescencia, cuando empezaba a aprender hechicería, me robaron algo y anuncié de forma generalizada que quien me lo hubiera robado sería maldecido de la peor manera. Quizás estuvo mal por mi parte, pero conseguí un vínculo apropiado con esa persona que yo sospechaba que me había robado, y utilicé un antiguo ritual vudú para obstruir sus intestinos. Me devolvieron lo que me habían robado poco tiempo después, y un amigo mutuo me dijo que el hechizo había conseguido el objetivo deseado.

Presagios y advertencias

Aparte de los síntomas de un ataque, hay presagios a los que uno debe estar atento, y el primero de ellos son los sueños. En el mundo onírico, nuestra mente profunda intenta comunicarse con el resto del Yo. Diré aquí mismo que no creo para nada en los diccionarios del simbolismo de los sueños, porque cada uno de nosotros tiene su propio conjunto peculiar de símbolos que su mente profunda utiliza en sus sueños. Una serpiente en los sueños de un hombre puede indicar peligro, pero para un hechicero ofidiano como yo, ése sería ciertamente un excelente presagio. En lugar de una lista de símbolos a los que uno debe estar atento, te recomiendo que te fijes en el contenido y el carácter generales.

---

5. Que ni fue escrito por Albertus Magnus ni contiene magia egipcia, pero a pesar de todo, es una interesante colección de magia popular que todavía se sigue utilizando.

¿Te estaban persiguiendo?, ¿buscando?, ¿tus seres queridos te daban la espalda?, ¿te sentías atrapado? Éstos son sueños que podrían indicar que estabas siendo atacado. Cuando sufrí el ataque no intencionado del que hablé antes, tuve un sueño extraño en el que estaba desnudo en la silla de los testigos en un juzgado en el que el juez era Rush Limbaugh. Por muy tonto que fuera, este sueño me produjo escalofríos y fue una gran señal de que estaba siendo atacado. Si sientes que estás siendo atacado o podrías serlo, vigila tus sueños. Si tienes talento con la magia onírica, a veces puedes adivinar el nombre de la persona culpable a partir del propio sueño.

Observar a los animales es otra señal. ¿Cómo reaccionan ante ti?

¿Estás descubriendo que te encuentras con criaturas más ctónicas, como arañas o serpientes? ¿Algo ha muerto en tu jardín? Hace años, cuando trabajaba para un cliente que estaba siendo atacado, un halcón murió y aterrizó justo en la zona en la que tenía mis círculos en el jardín. En caso de que sospeches de un ataque, deberías buscar estos y otros sucesos extraños.

Un hechicero puede establecer de varias maneras sistemas de alerta para que le avisen de un ataque antes de que se convierta en algo muy grave. El primer método, y el más fácil, es tener una o dos plantas en cada estancia de la casa. Si estás siendo víctima de un ataque mágico, está prácticamente garantizado que las plantas serán las primeras en sufrir. Por este motivo, muchas brujas tienen plantas vivas por toda la casa. Una clásica advertencia de un ataque es llevar algo de plata en tu zapato y alrededor de tu cuello. Los céntimos de plata agujereados son famosos en el sur de Estados Unidos. Se dice que si estás siendo objeto de un ataque, la plata ennegrece. En realidad, esta creencia tiene alguna base científica, ya que la mayoría de polvos y materiales utilizados para los maleficios, como los polvos de bobos, contienen azufre, que ennegrece la plata.

Tener un huevo fresco en el altar no sólo puede ayudar a detectar un ataque, sino que además absorberá parte de él. Al igual que las plantas, el huevo recibe el golpe de energía negativa en tu lugar y, en caso de un ataque, se pudre rápidamente, o incluso se rompe.

También deberías vigilar tus amuletos. Cuando un amuleto protector se rompe o se pierde, es señal de que su protección se ha perdido.

Siempre cuelgo de mi espejo retrovisor un amuleto marroquí de vidrio azul que protege del mal de ojo. Unos días antes de empezar a recibir esas multas de tráfico de las que he hablado en este capítulo, mi amuleto se rompió. En ese momento yo no tenía conocimiento de ello, pero si hubiese realizado una lectura rápida podría haber evitado recibir esas multas. Los amuletos tailandeses de penes, que protegen contra la impotencia y se llevan en un cordón alrededor de la cintura, son otro ejemplo de esto. Si el cordón se rompe, es señal de un ataque.

Esta colección de síntomas no es, en absoluto, exhaustiva. Hay una infinita variedad de ataques que pueden ser lanzados y una cantidad igualmente infinita de síntomas que pueden aparecer. Lo que es importante es darse cuenta de que, tomadas individualmente, todas las cosas que ocurren tienen una explicación lógica en el «mundo real». Sin embargo, cuando muchos de estos síntomas y acontecimientos ocurren dentro de un breve lapso de tiempo, ése es un buen indicador de un auténtico ataque. Recuerda que más vale pecar de cauto, y no ignores los síntomas cuando aparezcan.

COMENTARIO DE LA NUEVA EDICIÓN

Veinte años después, creo que este capítulo se conserva bastante bien. No hay nada que eliminaría ni mucho que añadir. Sólo hay que tener en cuenta los siguientes puntos:

Cualquiera que intente diagnosticar un ataque mágico o psíquico en alguien que experimenta inestabilidad mental se enfrenta a un serio dilema. Por un lado, la inestabilidad mental y la enfermedad pueden ser síntomas legítimos de un verdadero ataque psíquico o mágico. Por otro lado, la inestabilidad mental y la enfermedad pueden hacer que la gente piense que está bajo un ataque psíquico o mágico, incluso cuando no lo está. ¿Cómo enhebrar esta aguja?

Mi consejo: no lo hagas.

En primer lugar, aunque el origen del problema sea un ataque psíquico, lo más probable es que la persona afectada siga necesitando atención médica por el daño causado, ayuda mental incluida. Trabaja con profesionales de la salud mental cuando sea necesario; de lo contrario, puedes estar alimentando el delirio de alguien en lugar de aclararlo. Si no tienes acceso a esos profesionales, entonces no tienes nada que hacer tratando a personas que manifiestan síntomas de enfermedad mental.

A veces, te encontrarás con situaciones en las que no detectas ningún ataque mágico, pero la persona que busca ayuda insiste en que sí lo hay y citará las lecturas de otras personas como prueba. Mi consejo es decir simplemente: «No lo detecto, así que no puedo diagnosticarlo ni tratarlo». Puede que se vayan con la única respuesta honesta que han obtenido, o tal vez que se vayan pensando que apestas en magia porque todo el mundo les asegura que están malditos. De cualquier manera, estas siendo honesto y no dejas espacio para seguir discutiendo el punto.

Lo último que quiero hacer es recordarte que los ataques mágicos manifiestan una constelación de síntomas, no sólo uno. Si pierdes tu trabajo, no significa que estés maldito. Si enfermas, no significa que estés bajo ningún ataque. Mira a los que te rodean y comprueba si lo que te ocurre es inusual. Si es así, entonces observa todos los síntomas enumerados en este capítulo antes de pensar que estás maldito.

Capítulo II

Prácticas diarias

Los practicantes serios de magia hacen magia todos los días. No necesariamente hechizos, sino algo que despeje la mente, fortalezca el espíritu y proporcione protección contra fuerzas asaltantes. Antes de que nos ocupemos de la defensa de ataques específicos, primero deberíamos desarrollar un régimen de práctica habitual que fortalezca nuestras defensas naturales para que los asaltos menores sean desviados automáticamente y podamos mantenernos con los pies en la tierra y centrados en cualquier situación grave que se pueda presentar.

Del mismo modo que el triángulo es la estructura más estable en los edificios, yo recomiendo una práctica diaria que abarca tres puntos esenciales que te ayudarán a mantenerte libre de ataques psíquicos. Esos tres puntos son: la meditación, el destierro y las ofrendas.

La meditación mantiene la mente despejada durante los períodos de estrés y, por sí sola, puede alejar muchos tipos de ataques mentales. Los rituales de destierro limpian el aura personal y liberan tu casa de energías negativas y espíritus hostiles. Las ofrendas sirven para construir una buena relación con el entorno y sirven como una rama de olivo para los espíritus malévolos que están atacando en retribución a actos humanos que molestan al entorno espiritual.

Meditación

Debería resultar del todo evidente que uno no debe perder la cabeza ante cualquier tipo de ataque, oculto o de otro tipo. En un ataque mágico, que puede provocar síntomas como paranoia, depresión y otros problemas mentales, es incluso más importante que puedas controlar tu mente y acabar con esos síntomas, al menos durante el tiempo suficiente para lanzar una defensa o buscar ayuda. Si yo tuviera que abandonar todas mis prácticas espirituales excepto una, mantendría la meditación como única práctica. Si sólo te llevas una cosa de este libro y la pones en práctica, esa cosa deberían ser las instrucciones para la meditación.

La palabra *meditación* significa muchas cosas para muchas personas. Para algunas es una concentración del pensamiento en un único tema urgente; para otras, ponerse cómodas y relajarse escuchando un CD suave, y para otras es la oración extática. Técnicamente, todas estas cosas se pueden denominar meditación, porque la palabra tiene un significado muy amplio. Sin embargo, no me refiero a ninguna de ellas cuando hablo de meditación. Para nuestros propósitos, podemos definir la meditación como un proceso para dejar de aferrarnos a los pensamientos y para pasar a través de las distracciones mentales. A veces llamamos «mente de mono» a este agarrarse y a esta distracción. El término *mente de mono* hace referencia al hecho de que nuestras mentes tienden a comportarse de una forma mecánica y simplemente reaccionan a la presión y al tirón de causa y efecto, en lugar de tomar decisiones desde una posición de consciencia pura y voluntad verdadera.

La genética que heredas, la manera en que te criaron, los amigos que tienes, lo que miras en la televisión, lo que comes y lo que bebes, el reflejo de luchar o huir, la conversación que acabas de tener y otros innumerables factores influyen en la generación de pensamientos y reacciones. En cada momento, nuestros pensamientos son impactados por incontables factores que no tienen nada que ver con nuestra verdadera consciencia o nuestra auténtica voluntad. Prácticamente todos los actos de la mayoría de la gente son una respuesta mecánica a alguno, o algunos, de estos factores. La meditación es una manera de abrirte paso entre todos estos factores y revelar la percepción primordial que está debajo de la mente de mono, para que puedas actuar sin estar atado por esas causas y condiciones.

Por ejemplo, si llegas a casa y encuentras que las ventanas del salón están rotas, probablemente te sentirás disgustado. Sin embargo, si ganas un millón de dólares en la lotería y luego te encuentras con las ventanas rotas, probablemente no te sentirás tan disgustado porque el buen humor generado por el hecho de haber ganado la lotería ahogará los sentimientos de rabia generados por las ventanas rotas. Asimismo, si llegas a casa y encuentras las ventanas rotas después de haberte tomado un café expreso triple, tu reacción podría ser más fuerte que si te hubieras tomado una manzanilla. Si dominamos la meditación y nos abrimos paso a través de nuestras pautas arraigadas de aferrarnos y de aversión, podemos elegir cómo vamos a reaccionar en esta situación o en cualquier otra, independientemente de las circunstancias que te lleven a ella.

En el Tíbet, esta percepción pura se describe como algo semejante a un espejo. Si te miras en un espejo que está reflejando flores, es posible que tengas una reacción muy positiva y pienses: «¡Qué bien! Me encantan las flores». Si el espejo está reflejando heces de perro, tu reacción probablemente será muy mala y pensarás: «¡Qué caca! ¡Caca de perro!». Lo que esta analogía intenta decir es que ninguno de esos reflejos cambia la naturaleza del espejo. Al espejo no le importa si refleja flores o heces, él tan sólo refleja. Tu percepción primordial es como el espejo; las flores y las heces son como tus pensamientos y tus experiencias. En la superficie, nuestras reacciones a ellos incluyen todo tipo de pautas, tanto aprendidas como heredadas, pero si podemos abrirnos paso a través de esto y permanecer en la percepción primordial, nos abrimos camino a través de las pautas y podemos actuar como queramos, en lugar de hacerlo como estamos programados.

Existen muchos tipos de meditación y es un tema que vale la pena estudiar en profundidad pero, puesto que éste es un libro que trata específicamente sobre la defensa mágica, sólo deberíamos detallar un tipo de meditación centrada en la respiración. Dicen que la respiración en sí misma es un mantra que todo el mundo repite 26.000 veces al día. No es necesario ningún equipamiento especial, ninguna señal externa de que estás meditando, de manera que puedes hacerlo en cualquier lugar, en cualquier momento. Esto es importante porque para poder beneficiarte de la meditación debes practicarla todos los días, preferentemente varias veces al día. En una situación en la que sientes que estás siendo víctima de un ataque psíquico en el trabajo o en una situación social, puedes meditar para obtener claridad sin dar ninguna señal externa de estar haciendo algo fuera de lo normal.

Antes de meditar, deberíamos adoptar una postura adecuada, o *asana*. Hay muchas *asanas,* y puedes consultar un libro de yoga o de meditación para las descripciones. Probablemente la *asana* más famosa sea la *padmasana*, o loto completo. La mayoría de la gente, sin embargo, considera que esta posición es muy difícil de mantener durante mucho tiempo, así que te recomiendo que utilices la postura *siddhasana*, que es una especie de medio loto. Esta *asana* tiene cinco puntos: el primero se consigue llevando el pie izquierdo hacia adentro y tan cerca del cuerpo como sea posible, y luego colocando el pie derecho encima o delante de la pierna izquierda. También aconsejo colocar un cojín debajo de las nalgas para elevar el torso, lo cual ayuda a que las rodillas descansen sobre el suelo, formando un trípode estable.

El segundo punto, que es el más esencial, es mantener la espalda recta. Para asegurarte de que tu espalda esté recta, deberías levantar las manos hacia el cielo y luego bajar los brazos sin mover el torso. Esto hará que la espalda esté lo más recta posible. Inclinar la cabeza ligeramente hacia adelante estira la última parte de la columna vertebral.

El tercer punto se refiere a las manos. Se puede hacer de muchas maneras, y la primera es juntar los pulgares con los dedos índice y colocar las manos sobre las rodillas, con las palmas hacia arriba. Otra forma es colocar la mano izquierda en el regazo, con la palma hacia arriba, y la mano derecha encima, con la palma hacia arriba, y luego unir los pulgares. Hay muchos otros *mudras* de las manos que se pueden utilizar, pero todos hacen lo mismo: conectar los circuitos de energía del cuerpo *(nadis)* y conseguir que la energía *(prana)* fluya hacia el canal central.[6]

---

6. El canal central, también llamado el *Shushumna* o el *Avdhuti*, va desde la coronilla de la cabeza y desciende por todo el cuerpo, y es el poste central del cuerpo sutil, del mismo modo que la columna vertebral lo es del cuerpo físico. Es sólo uno de muchos miles de *nadis*. Otros dos *nadis* importantes que bajan junto al canal central son Ida y Póngala, los canales femenino y masculino.

El cuarto punto es mantener la lengua justo detrás de los dientes delanteros superiores. Esto conecta un circuito de energía que sube por la espalda y desciende por la parte delantera del cuerpo.

El quinto punto se refiere a los ojos. Puedes meditar con los ojos abiertos o cerrados, y deberías experimentar para averiguar qué es lo mejor en tu caso. Si cierras los ojos completamente, la ventaja es que dejas fuera los estímulos visuales, pero para algunas personas esto sólo proporciona a su imaginación una pantalla en blanco en la que pueden tomar forma pensamientos que las distraen. Si meditas con los ojos abiertos, puedes estar abierto a más distracciones, pero es menos probable que te dejes llevar por fantasías durante la meditación. Si mantienes los ojos abiertos, deberías concentrarte en un punto que esté a una distancia de un brazo de ti, y concentrarte con la misma intensidad que si estuvieras enhebrando una aguja. Lo mejor es concentrarte en un espacio vacío, pero si no es así, puedes dejar que tu mirada repose en cualquier punto u objeto.

Aunque todos estos puntos son tradicionales y te ayudarán a mantener estables las energías del cuerpo y acabar con las distracciones durante la meditación, el único punto realmente esencial es mantener la espalda recta. Si tus rodillas te molestan, o incluso si simplemente lo prefieres, puedes utilizar una silla en lugar de sentarte en el suelo. Tan sólo siéntate con normalidad, con la espalda lo más recta posible. Si el respaldo de la silla es recto, entonces puedes apoyarte en él, pero la columna debería estar lo más recta posible, pero sintiéndote cómodo. Si te encuentras en una situación social y meditando improvisadamente, entonces deberías sentirte libre para poner la columna vertebral lo más recta posible y mantener la mirada concentrada sin llamar la atención.

Cualquiera que sea la postura que adoptes, empieza la sesión respirando hondo tres veces y liberando toda la tensión y todos los pensamientos sobre el pasado, el presente y el futuro. Respira lentamente y con naturalidad. Permite que tu percepción se consuma en la respiración. No la observes desde fuera como un gato que mira a un ratón, sino, más bien, siente que *eres* tu respiración. Identifica tu respiración como el asiento de tu consciencia. Fluye hacia adentro y hacia afuera. Fija la mente únicamente en la respiración, excluyendo todo lo demás.

El pasado es un recuerdo. El futuro es una proyección. El presente desaparece antes de que puedas asirlo. Instálate en la respiración.

Si eres como la mayoría de la gente, encontrarás que las distracciones aparecen casi instantáneamente. Una vez que reconozcas que has salido de la meditación y te estás distrayendo con un tren de pensamientos, tan sólo deberías regresar a la respiración sin castigarte ni criticarte. De hecho, no deberías tener ninguna expectativa respecto a lo bien que esté yendo tu meditación. El deseo de obtener resultados es el mayor obstáculo para la meditación. Reconoce que los pensamientos emanan de la nada y se disipan en la nada. Descansa en la respiración y en la percepción primordial.

Lo más probable es que al principio pases la mayor parte de tu sesión de meditación haciendo poco más que distraerte, reconocerlo y regresar a la respiración, para luego volver a acabar distrayéndote otra vez. Muchos de mis alumnos que se encuentran en esta situación afirman que no son capaces de meditar y al final se dan por vencidos. De lo que no se dan cuenta es de que *están* meditando. Están entrenando su mente para reconocer cuándo no está actuando de acuerdo con su voluntad, y haciéndola volver desde la distracción. ¡Piensa en lo valioso que es eso!

Después de unas pocas semanas de práctica, notarás que tienes más control sobre tu mente. Podrás concentrarte mejor. No te dejarás llevar por la ira tan fácilmente. Con el tiempo aprenderás más sobre ti de lo que puedes llegar a imaginar. En una situación de ataque psíquico, podrás reconocer los síntomas y cortarlos de raíz, simplemente centrándote en la percepción pura.

No intentes hacer sesiones largas al principio. Empieza con sólo 10 minutos por la mañana, cuando te levantes, y 10 minutos justo antes de acostarte. Nunca tendrás la excusa de no tener tiempo para meditar, porque casi siempre podrás tomar 10 minutos de tu sueño sin que ello te afecte en absoluto. Estas dos sesiones de 10 minutos deberían estar unidas por muchos «momentos meditativos» a lo largo del día: un minuto aproximadamente en el que te concentras en la respiración y desconectas de las distracciones. Esto puede hacerse en cualquier lugar y en cualquier momento: en tu escritorio, en un restaurante, o en el baño (todos son lugares aceptables). Si practicas de esta forma, definitivamente verás una diferencia en tu vida en un período de tiempo más o menos corto.

Rituales de destierro

Los rituales de destierro son unos rituales diarios breves para anclarte y centrarte, conectar con lo divino, definir el espacio sagrado y alejar a espíritus y fuerzas divagantes. El ejemplo más famoso es un ritual que enseñaba la Orden Hermética de la Aurora Dorada, llamado el ritual menor de destierro del pentagrama (RMDP). En dicha orden, el RMDP era considerado tan importante que tenías que realizar ese ritual al menos una vez al día durante un año antes de que te permitieran aprender nada más. Otros ritos similares incluyen el rubí estrella de Aleister Crowley y el despertar de las ciudadelas de Aurum Solis. En el Tíbet existen muchas fórmulas para hacer un *semskhor* o «círculo de la mente» para conseguir lo mismo. El tiempo que dediques a investigar y experimentar con estos distintos rituales no será un tiempo perdido.

El siguiente ritual, la esfera de Hekas, es un destierro bastante sencillo que he diseñado y que se basa en el material obtenido de mi contacto con la diosa Hécate. A lo largo del libro aparecerán rituales que la incluyen y, en sí mismos y por sí mismos, forman una especie de arcanos de Hécate.[7] No estoy afirmando que este ritual sea más eficaz que otros, e invito al lector a aprender varios ritos de destierro para que pueda elegir el que sea apropiado para él.

La esfera de Hekas

PRIMERA PARTE: HACER APARECER LA COLUMNA

Empieza colocándote de pie, mirando al este. Imagina que estás en el centro mismo del universo. No quiero decir que imagines que

---

7. De hecho, forman parte de una colección más grande de material sobre Hécate con la que he estado trabajando durante varios años.

has salido de la habitación y que estás en alguna otra parte en el espacio, sino que el lugar en el que estás es el centro de todo el universo. Del mismo modo que desde nuestra perspectiva aquí en la Tierra nos parece que el Sol gira alrededor de nosotros, pero desde una perspectiva mayor se ve que es la Tierra la que gira alrededor del Sol, deberías pensar que, desde una perspectiva todavía mayor, estás en el centro del universo y todo gira alrededor de ti.

Inspira profundamente e imagina que encima de ti, emanando de lo más alto de los cielos, desciende una columna de luz blanca y pura. Esta luz entra en la coronilla de tu cabeza y pasa a través de ti, entrando en el suelo. Esta luz blanca tiene las cualidades de purificar y centrar. Espira y di lo siguiente:

DECENDAT COLUMBA!
(¡El descenso de la paloma!)

Vuelve a hacer una inspiración profunda e imagina que una luz rojiza, que sale de debajo de ti, se eleva a través de la columna y pasa a través de ti al ascender. Mientras que la luz blanca era purificadora, esta luz es vivificante. Espira y di lo siguiente:

ASCENDAT SERPENS!
(¡El ascenso de la serpiente!)

Inspira otra vez y siente las dos energías entrando en tu interior desde abajo y desde arriba. Espira y siente cómo las dos energías fluyen a través de tu cuerpo, impregnando cada célula de tu ser con su poder. Siente tu conexión con la tierra y el cielo, el inframundo y los cielos.

Con la mano derecha, señala tu tercer ojo y di: I.

Mueve tu mano derecha hasta tu corazón y abre la mano de manera que la palma mire hacia el pecho y di: A.

Baja la mano hasta tus genitales y vuelve la palma hacia arriba, conectando el dedo pulgar y el índice. Di: O.

Esta parte del rito te ancla, te centra, te purifica y te da poder, para que estés en una posición adecuada para ejercitar tu autoridad sobre las fuerzas que deseas desterrar. La Paloma y la Serpiente son símbolos universales de fuerzas ctónicas y ouránicas. Al hacer aparecer la columna, abarcas la totalidad de todo lo que es, arriba y abajo. Como señaló el mago Aleister Crowley en una ocasión: «Los maestros tienen la cabeza por encima de los cielos más elevados y los pies debajo de los infiernos más bajos».[8]

Después de la columna, invoca al divino mediante la antigua fórmula de IAO.[9] A veces se dice que esta fórmula es una manera griega de decir YHVH (Yavé o Jehová), pero en realidad es mucho más antigua que eso. En griego, las siete vocales equivalen a los planetas. En este caso, I = el Sol, A = la Luna, y O (Ω) = Saturno, de manera que IAO representa a todo el espectro de esferas (desde la Luna hasta Saturno) regidas por Helios, el Sol. También puede verse como una abreviatura de todos los sonidos vocales unidos: una poderosa fórmula chamánica que representa la totalidad del universo.[10]

SEGUNDA PARTE: DELINEAR LAS FRONTERAS

Estando todavía de pie dentro de la columna, diles a los poderes existentes:

HEKAS HEKAS ESTE BEBELOI!
(¡Fuera, fuera, todos los blasfemos!)

Forma un puño cerrado con tu mano izquierda y colócalo contra tu pecho, sobre tu corazón. Cúbrelo con tu mano derecha y aplica unos dos kilos de presión e imagina que la fuerza que recibiste de la columna empieza a concentrase en el corazón. Imagina que ese poder, atraído por la presión física y la fuerza de voluntad, ad-

---

8. Aleister Crowley, *Liber Tzaddi*.
9. Mi agradecimiento a Tau Nemesius por haberme enseñado estos mudras asociados con el IAO de las tradiciones rusas de magia gnóstica.
10. Hay otras interpretaciones de esta fórmula que son dignas de atención. La Aurora Dorada (Golden Dawn) veía el IAO como las siglas de Isis, Apofis, Osiris, y, por lo tanto, como una fórmula de creación, destrucción y renacimiento.

quiere la forma de una esfera gris del tamaño aproximado de una pelota de béisbol. Visualiza esto hasta que lo veas muy nítido en tu mente.

Suelta la presión y, con un solo movimiento, da un paso hacia adelante con tu pie izquierdo y lanza tus brazos hacia fuera, haciendo lo que se denomina la «Sign of the Enterer». Mientras haces esta señal, visualiza que la esfera que está en tu corazón crece. Mientras va creciendo y extendiéndose, hace retroceder a todas las fuerzas maléficas y a los espíritus dañinos. Crece más allá de tu cuerpo y continúa haciéndolo hasta que se detiene ahí donde tú deseas establecer la frontera, formando un muro de fuerza astral de color grisáceo. Pronuncia lo siguiente:

GYRUM CARPO!
(¡Agarro el círculo!)

Coge tu varita o tu *athame* con una mano y extiende tu brazo hacia fuera. La punta de la herramienta (o tu dedo, si estás trabajando sin herramientas) debería tocar el borde del círculo que quieres hacer.

Si has extendido el círculo más allá de las paredes de la habitación en la que te encuentras, entonces simplemente puedes señalar en dirección al borde. Gira o camina señalando el borde de tu círculo y di lo siguiente:

CONSECRO ET BENEDICO ISTUM CIRCULUM
UT SIT MIHI ET OMNIBUS SCUTUM AT
PROTECTIE DEI FORTISSIMI HEKATE INVICIBILE
(Consagro y bendigo este círculo
para que sea para mí y para todos un escudo
y una protección en el nombre de la poderosísima e invencible diosa Hécate).

Imagínate que esta esfera es una fortaleza invisible e impenetrable que te rodea, manteniendo fuera a todas las fuerzas dañinas y a los espíritus malintencionados.

TERCERA PARTE: INVOCAR A LOS GUARDIANES

La última parte del ritual invoca a cuatro guardianes para que acudan a las cuatro regiones de nuestra esfera. Antes de dar las instrucciones para esta parte del rito, quiero decir unas palabras sobre estos guardianes en particular. Los guardianes invocados en este ritual son espíritus que me fueron revelados directamente por Hécate y están unidos por ella como espíritus protectores. Sus nombres son Abaek, Pyrhum, Ermiti y Dimulgali. Han sido invocados con éxito por mí y por un pequeño grupo de hechiceros con los que he compartido este ritual, y han demostrado que son unos protectores poderosos. No obstante, pueden ser reemplazados por los guardianes de los cuatro rincones que decidas, como los cuatro arcángeles judeocristianos (Rafael, Miguel, Gabriel y Uriel), o quizás por los espíritus de los cuatro vientos (Noto, Céfiro, Bóreas y Euro). Por el mundo entero encontramos con frecuencia grupos de guardianes cuádruples.

Mira hacia el este y visualiza a Abaek de pie en el borde oriental del círculo, mirando hacia el centro. Tiene cuerpo de hombre y una cabeza de toro que bufa y respira salvajemente. En sus manos sostiene dos cimitarras, las cuales golpea una contra otra de una forma amenazadora. Haz el gesto del conjuro e invoca:

ORKIZO ABAEK!
Guardián del Este con cabeza de toro.

¡Recuerda tu promesa y ocupa el trono que ha sido instalado para ti!

Piensa que ese trono (en tu visualización) ha sido ocupado por Abaek, y ahora visualízalo girándose para mirar hacia el exterior del círculo.

Mira hacia el sur y visualiza a Pyrhum de pie en el borde meridional del círculo, mirando hacia el centro. Tiene cuerpo de hombre y la cabeza de un caballo que respira fuego. Sus dos manos sostienen un gran tridente de ébano. Haz el gesto del conjuro e invoca:

ORKIZO PYRHUM!
Guardían del Sur con cabeza de caballo.
¡Recuerda tu promesa y ocupa el trono que ha sido instalado para ti!

Piensa que ese trono (en tu visualización) ha sido ocupado por Pyrhum y ahora visualízalo girándose para mirar hacia el exterior del círculo.

Mira hacia el oeste y visualiza a Ermiti de pie en el borde occidental del círculo, mirando hacia el centro. Ella tiene el torso de una mujer y la cabeza y la parte inferior del cuerpo de una serpiente. Sus manos sostienen una red y un casquete que rebosa de sangre hirviendo. Haz el gesto del conjuro e invoca:

ORKIZO ERMITI!
Guardiana serpentina del Oeste.
¡Recuerda tu promesa y ocupa el trono que ha sido instalado para ti!

Piensa que ese trono (en tu visualización) ha sido ocupado por Ermiti y ahora visualízala girándose para mirar hacia el exterior del círculo.

Mira hacia el norte y visualiza a Dimgali de pie en el borde septentrional del círculo, mirando hacia el centro. Tiene el torso de una mujer y la cabeza de una perra negra. En su mano izquierda sostiene un látigo y en su mano derecha unos grilletes adamantinos. Haz el gesto del conjuro e invoca:

ORKIZO DIMGALI!
Guardiana del Norte con cabeza de perra.
¡Recuerda tu promesa y ocupa el trono que ha sido instalado para ti!

Piensa que ese trono (en tu visualización) ha sido ocupado por Dimgali y ahora visualízala girándose para mirar hacia el exterior del círculo.

Te has anclado y te has centrado, y has conectado con la tierra y con los cielos. Has alejado las energías obstructoras de tu área y has creado una barrera psíquica alrededor de ti. Has invocado a los espíritus guardianes en las cuatro direcciones. Ahora lo único que queda por hacer es cerrar el rito.

Respira hondo una sola vez y junta las manos delante de tu corazón, como si rezaras.

PROCUL HINC PROCUL ITE PROFANI PER NOMINA DEI ALTISIMMI IAO

(Fuera, fuera, todos los blasfemos, en el nombre del poderosísimo IAO)

Las palabras de este rito no son tan importantes. He usado el latín porque es una de las lenguas mágicas y puede darle al ritual una atmósfera que el español no le podría dar, pero si por algún motivo no te sientes cómodo con esa lengua, la forma general del rito puede seguirse usando la traducción al castellano u otras palabras adecuadas que tengan un significado similar.

Las instrucciones del ritual pueden parecer largas, pero una vez memorizado, realizar todo el rito lleva unos 5 minutos. Cualquier destierro que elijas, deberías hacerlo todos los días; preferentemente dos veces al día, ya que la eficacia de este tipo de ritos tiende a durar hasta la puesta o hasta la salida del sol.

Ofrendas

El último punto de la tríada de práctica diaria es hacer ofrendas. Mientras que el ritual de destierro intenta mantener el peligro a raya, las ofrendas son una práctica pacificadora que protege ofreciendo una rama de olivo a los espíritus hostiles y las fuerzas elementales. Como dije antes, la forma de vivir de los humanos a veces puede tener un impacto negativo en la dimensión espiritual, haciendo que los guardianes y las fuerzas locales actúen contra nosotros en respuesta. Una gran parte del papel del chamán en las culturas tradicionales tiene que ver con reparar esas infracciones dañinas y suavizar las relaciones entre este mundo y el siguiente. Al hacer ofrendas, estamos enviando a esas fuerzas una señal de que cualquier infracción, como construir en lugares de poder, o pisotearlos, y contaminar el aire y el agua, ha sido accidental y que estamos intentando reparar el daño.

Aparte del valor que tienen para impedir las circunstancias adversas y los ataques, las ofrendas son un poderoso medio para obtener aliados espirituales y ayudar a que tu hechicería se manifieste materialmente. Si estableces la práctica regular de hacer ofrendas a los poderes existentes, descubrirás que el universo está del todo dispuesto a ayudarte en tu brujería, debido a los lazos que has creado a través del poder de la ofrenda.

En cuanto a qué ofrecer, pueden hacerse muchos tipos de ofrendas, tanto físicas como emanadas de la mente. No tengo intención de minimizar la importancia de las ofrendas físicas, pero lo primero que uno descubre después de haber hecho una ofrenda física a los espíritus es que, en unas pocas horas, las cosas todavía siguen estando ahí. Aunque se dice que algunos espíritus poco frecuentes y poderosos pueden manifestarse físicamente y devorar sus ofrendas, la mayoría de seres se alimenta de la esencia sutil de las ofrendas físicas en lugar de hacerlo de la sustancia en sí misma. La excepción a esto son las sustancias de purificación que se hace arder. Hay muchos espíritus que pueden nutrirse directamente del humo producido por hierbas, plantas y maderas quemadas. Incluso si usas ofrendas físicas sólidas como bizcochos y alcohol, puedes aumentar el poder de la ofrenda multiplicándola mentalmente a través de la fuerza de voluntad y visualizando que llena el espacio infinito.

Las ofrendas deben realizarse ceremoniosa o formalmente. Puedes dejar una moneda de diez céntimos o un poco de whisky sobre una tumba, poner unas flores o verter un poco de agua cerca de un árbol o una planta, o quemar un poco de incienso en el jardín trasero y ofrecérselo mentalmente a las diez direcciones. Los actos de generosidad como éstos, por muy pequeños que sean, sirven para construir una buena relación con las fuerzas espirituales que rodean tu casa y dondequiera que viajes.

Si quieres hacer una ofrenda ritual formal, el siguiente ritual es lo bastante breve como para llevarlo a cabo con regularidad o diariamente. El rito recompensa a los protectores y a los animales controlados por los espíritus que han trabajado por tu bien y pacifica a aquellos espíritus que quieren crear obstáculos y hacerte daño y a aquellos que están bajo tu protección. Este rito habla a las fuerzas de los elementos y del espíritu en general. Existe el potencial de hacer que éste sea un ritual de ofrenda más elaborado destinado a espíritus específicos, pero deberías tener cuidado con tus ofrendas. Ciertos espíritus pueden ofenderse si se les hace el tipo de ofrenda erróneo. Por ejemplo, en algunas tradiciones afrocaribeñas, las ofrendas de sal disgustan a los muertos, y en el Himalaya las ofrendas de carne despiertan la ira de los Nagas. En el futuro, espero publicar un libro más detallado sobre las clases de espíritus y las ofrendas tradicionales para cada uno de ellos. Entretanto, si quieres hacer ofrendas más elaboradas para unos tipos de seres específicos, deja que la investigación, los presagios y los sueños te guíen en tus esfuerzos.

En el siguiente rito, el refuerzo físico para las ofrendas consistirá en un poco de incienso o madera quemada, como enebro o sándalo. Si estás haciendo el rito al aire libre, puedes añadir un poco de agua, té o whisky para derramarlos sobre el suelo como una libación. Puesto que estás haciendo ofrendas a unos espíritus que quizás fueron hostiles contigo, te recomiendo que te mantengas alejado de las hierbas que ayudan a la manifestación de los espíritus, como el díctamo crético o el gordolobo. He llamado «apoyo físico» al incienso porque alimentarás a ese incienso con energía directamente, visualizando que llena todo el espacio y deseando que adopte la forma más agradable para el receptor.

Dispón tu incienso y tu libación, si dispones de ella, sobre un altar o una mesa. No enciendas el incienso todavía.

PRIMERA PARTE: PURIFICACION DE LAS OFRENDAS

Coloca tus manos por encima de las ofrendas, formando un triángulo de manifestación con tus manos. Di lo siguiente:

Por la Tierra, el cuerpo de los dioses,
por el Agua, su sangre fluyente,

por el Aire, el aliento de los dioses,
por el Fuego, su alma ardiente.

¡Que estas ofrendas sean bendecidas y purificadas!

Mientras dices esto, imagina que cualquier impureza que pueda haber es lavada, llevada por el viento y quemada.

SEGUNDA PARTE: CONVOCAR A LOS INVITADOS

IO EVOHE! IO DAEMONES! DAIMONES EVOHE!
Espíritus del firmamento de la Tierra y el éter, espíritus de la tierra
    seca y el agua que fluye,
espíritus del aire que se arremolina y el fuego que avanza veloz.
¡Venid! ¡Venid!
Fantasmas de los muertos, los vivos y los que están entre ambos.
A todos aquellos con los que tengo una deuda y que tienen una
    deuda conmigo.
¡Ayudantes y guardianes que estáis atados a mí!
¡Venid! ¡Venid!
Cada dríada, sílfide y sátiro que vive en este lugar.
¡Cada ondina y salamandra, cada espíritu travieso y diminuto!
    Cada súcubo e íneubo, cada espectro de mala voluntad.
¡Venid! ¡Venid!
¡Todos los espíritus que ayudan o dañan en respuesta a la acción
    humana!
Venid aquí según vuestros deseos, sentaos en los tronos
¡Io Evohe! ¡Venid! ¡Venid!

TERCERA PARTE: HACER LA OFRENDA

Enciende el incienso. Da la señal de ofrenda, frotando las palmas de las manos una contra la otra, varias veces, hasta que estén calientes. Luego colócalas hacia arriba y, mientras el calor sale de tus manos, imagina que nubes de ofrendas fluyen desde ellas y se mezclan con el humo del incienso, llenando todo el espacio.

Nubes de ofrendas, os doy comida
y bebida y purificación.

¡Disfrutad! ¡Disfrutad!

Dejad que las ofrendas se eleven

y se difundan por todo el espacio.

Dejad que tomen la forma más deseada.

¡Disfrutad! ¡Disfrutad!

Amigos y familiares de vidas anteriores,

estoy agradecido por vuestra bondad en el pasado

¡Disfrutad! ¡Disfrutad!

Vosotros que formáis obstáculos como respuesta a mi acción

perdonad cualquier ofensa hecha por error o fantasía.

¡Disfrutad! ¡Disfrutad!

Espíritus de los muertos y los atrapados en espacios intermedios,

vigilantes de este suelo y cuidadores de los vientos.

¡Disfrutad! ¡Disfrutad!

Guardianes y familiares, sed satisfechos,

realizad rápidamente mis esperanzas y mis deseos

¡Disfrutad! ¡Disfrutad!

A cada uno de vosotros, ofrezco inagotables tesoros y deliciosas

sustancias y placeres.

Vosotros, que queréis hacerme daño, participad de esta fiesta y

estad en paz, vosotros que queréis ayudarme,

quedad satisfechos y realizad aquello que se os ha encargado.

Después de realizar esta invocación, puedes pasar directamente a la siguiente sección, o sentarte e intentar comunicarte con las fuerzas invocadas.

CUARTA PARTE: LICENCIA PARA PARTIR

Honrados invitados a este templo, la ventana de nuestra comunicación se está cerrando,

Tomad vuestro último sorbo de estas delicias y marchaos en paz.

Vaciad los tronos de la fiesta y entrad en

vuestras moradas y habitaciones como es vuestro deseo

Actuad siempre como amigos y ayudantes. Que así sea.

Estas tres prácticas de meditación, destierro y ofrenda deberían empezar a ser una parte habitual de tu plan mágico. Lo ideal sería

hacer las tres cosas todos los días, y la meditación y el destierro quizás dos veces al día. Parece mucho, pero en realidad no siempre lo
es, especialmente después de haberte aprendido los rituales de
memoria. Si no puedes hacerlas, o realizar unas prácticas similares
todos los días, entonces al menos deberías proponerte meditar y
desterrar tres o cuatro veces por semana y realizar ofrendas al menos una vez por semana.

COMENTARIO DE LA NUEVA EDICIÓN

Es raro que haga un cambio radical de política, pero es necesario en
este capítulo. Ya no recomiendo que los destierros diarios formen parte de tu práctica habitual. No es que sean perjudiciales; yo los hice
durante décadas y me beneficié de ellos. Desde la perspectiva de la seguridad y la protección es una buena práctica. Demasiado buena, de
hecho.

No te pones una armadura de combate de pies a cabeza cada vez
que sales de casa, ¿verdad? Por supuesto que no. Ni siquiera los agentes
de policía llevan el equipo táctico completo cuando patrullan. Sería
una gran protección, pero dificultaría otras cosas, como pasear, ir de
compras o mantener una conversación amistosa.

Si eres un brujo, mago o hechicero de cualquier tipo, probablemente estés intentando establecer conexiones con espíritus, no mantener-
los a raya todo el tiempo.

Las tradiciones que sugieren destierros como el de la RMDP todos
los días intentan que el mago exista en un espacio perfectamente controlado que sólo permite la entrada de aquellos espíritus que decida
dejar entrar. No me gusta este punto de vista de la magia y no creo que
sea posible. Al igual que yo no elegiría vivir mi vida en una burbuja de
plástico, no creo que sea aconsejable o necesario desterrar lo cotidiano.
Tal vez descubras que forjar relaciones con espíritus locales proporciona incluso mejor protección que cualquier esfera o escudo.

Entonces, ¿por qué sigue en el capítulo? Porque si sospechas que
estás bajo un ataque mágico, o estás emprendiendo algo particularmente peligroso, los destierros diarios son una muy buena idea. Ése es

precisamente el momento en que deberías ponerte esa armadura de batalla. La esfera de Hekas ha demostrado que es una excelente ayuda para aquellos que la necesitan. La cuestión es: ¿la necesitas siempre?

En lugar de un trípode de meditación, ofrendas y destierros, probablemente te vendría mejor meditación, ofrendas y devoción. Esto no tiene por qué ser muy religioso o a base de rezos. Hay yogas, mantras y prácticas energéticas que encajarían a la perfección. Lo que obtendrás de estas prácticas diarias con el tiempo es una resonancia con los poderes que elijas y una habilidad para mediar sus poderes en el mundo. Trabajarás para conectar con estos poderes, y ellos se fijarán en ti a su vez, ya sean dioses, diosas o espíritus locales de la tierra.

Las relaciones sólidas y la resonancia con los espíritus son un tipo de protección más duradera que el destierro y los escudos. He incluido una oración devocional diaria y un canto a Hécate como apéndice a esta nueva edición.

Capítulo III

Protección personal

Después de establecer una costumbre en meditación, ofrendas y destierros, descubrirás que estás mucho más anclado, claro y consciente que antes. La mayoría de ataques e intrusiones contra tu paz se alejarán de ti inmediatamente. No obstante, habrá ocasiones en las que necesitarás enfrentarte a la situación directamente y con una fuerza mayor que la de los meros rituales de destierro. También puedes encontrarte en la posición de ayudar a un no practicante que no realice una práctica espiritual habitual para alejar esas circunstancias adversas y esos ataques, en cuyo caso tendrás que emplear algunos de los rituales de protección específicos que se ofrecen a continuación.

Escudos

En épocas de circunstancias adversas e intranquilidad psíquica, es sumamente importante que seas lo bastante diligente con las meditaciones, las ofrendas y los destierros constantes del capítulo anterior. Es posible que también desees complementarlos con una capa adicional de protección, y es ahí donde entra el escudo.

Los escudos no requieren ningún equipo, excepto tu propia voluntad e imaginación y, por lo tanto, son la primera línea de defensa cuando uno se siente atacado. Los escudos pueden ayudarte no sólo contra los peligros ocultos, sino también contra los ataques psicológicos de compañeros de trabajo fastidiosos, vendedores demasiado entusiastas, jefes desagradables y otras personas disgustadas que puedas encontrar. Además, los escudos son una excelente manera de protegerte de las influencias negativas que pueden estar presentes en un lugar, sin llegar a desterrarlas. Esto puede ser deseable si te encuentras en ciertos lugares de poder que tengan guardianes hostiles, o en una casa en la que viva gente muy negativa.

El escudo se crea de una forma muy similar a como se hace aparecer la esfera en el ritual de destierro del capítulo 2.

Empieza recordando la columna de energía que te conecta con los cielos y con la tierra. Puesto que esto es más una técnica psíquica que un ritual, no hay necesidad de palabras; simplemente visualiza que la columna desciende de los cielos, pasando a través de ti y penetrando en la tierra, y siente cómo la corriente vital sale de la Tierra y entra en ti. Mientras inspiras, siente el poder que viene de arriba y de abajo fluyendo hacia tu interior. Mientras espiras, siente cómo esa energía se mueve a través de tu cuerpo, llenando cada célula con su poder. Cierra la mano izquierda en un puño y colócala sobre tu corazón. Cúbrela con tu mano derecha y aplica una presión de aproximadamente dos kilos. Al espirar, siente que el poder se acumula en tu corazón, atraído hasta ahí por la presión y por tu voluntad concentrada. Visualiza que una forma como la de un huevo, de color gris, se concentra en tu corazón. Suelta la presión de tu pecho y siente cómo el huevo se va haciendo más grande, atravesando tu piel y deteniéndose justo en el punto en el que está aproximadamente a entre 30 y 60 cm de distancia de tu cuerpo físico. Imagina que la superficie del huevo es impenetrable y que todas las fuerzas malignas son incapaces de romper sus barreras.

Cuando la imagen haya aparecido con fuerza en tu mente y sepas que el escudo está ahí, simplemente lleva tu atención lejos de él y continúa con tus asuntos. En general, los efectos del escudo desaparecen unas horas más tarde, a menos que lo alimentes continuamente con la imaginación y la voluntad. Si deseas deshacer el escudo antes, entonces simplemente inspira profundamente, luego espira y visualiza que el escudo desaparece en el espacio.

Existen diversas variantes de esta técnica y varias maneras de modificar el escudo para crear diferentes efectos. Por ejemplo, en algunos casos, en lugar de proteger directamente, puede ser deseable confundir a tus enemigos o desestabilizarlos. En ese caso, crea el escudo de la misma manera, pero en lugar de verlo de color gris, visualiza que su superficie tiene iridiscencias, como cuando la luz del Sol cae sobre el aceite en el agua. La primera vez que utilicé este escudo de confusión fue en un trabajo en el que había un determinado gerente que me maltrataba verbalmente y parecía ser, de manera inconsciente, un vampiro psíquico. Daba la impresión de que siempre, tras las discusiones, se iba con la sensación de estar lleno de energía, dejando a sus víctimas agotadas y decaídas.

Cuando empecé a emplear el escudo de colores, noté que él se sentía frustrado y no recordaba por qué me estaba riñendo. Se enredaba en sus palabras, se sentía confuso acerca de lo que quería y luego se iba furioso a su oficina. Con el tiempo, acabó dejándome tranquilo.

Si experimentas con diferentes visualizaciones y claves energéticas, descubrirás muchas maneras distintas de modificar el efecto de tu escudo. Por ejemplo, puedes crear escudos que correspondan a los cuatro elementos. Para ello, en lugar de extraer poder de la columna como se comenta en las páginas 58 y 59, concéntrate en el color y en las cualidades del elemento invocado. En el siguiente capítulo hablaré más sobre los elementos, pero mientras puedes usar las siguientes correspondencias.

Elemento	Color	Cualidades
Fuego	Rojo	Caliente, seco y expansivo
Agua	Azul	Fresca, húmeda y fluida
Aire	Amarillo	Cálido, húmedo y movimiento rápido
Tierra	Marrón	Fresca, seca, densa y pesada

Concéntrate en las cualidades de uno de estos elementos y, mientras inspiras, *proponte* respirar ese elemento del espacio que te rodea. Mientras espiras, visualiza que tu cuerpo se llena de ese elemento. A continuación, crea el escudo como antes: coloca la mano y el puño sobre tu corazón y visualiza que la esfera se concentra ahí, pero es del color asociado al elemento. Proyéctala hacia fuera, convirtiéndola en un huevo que te rodea, y visualiza que esa energía forma un caparazón a tu alrededor.

El escudo elemental tiene varios usos. Principalmente, es una excelente defensa contra cualquier ataque de los elementales de un elemento opuesto (es decir, agua frente a fuego, aire frente a tierra). También puedes usar el escudo para intensificar ciertas cualidades en ti: tierra para anclarte y centrarte, aire para tener inteligencia y astucia, agua para tener comprensión y sabiduría, fuego para tener energía y una voluntad firme.

El motivo por el cual aparecen los escudos en esta sección y no en el capítulo de la práctica habitual es porque, mientras que los destierros están diseñados específicamente para actuar contra los poderes dañinos, el escudo funciona para todos. Mantener el escudo levantado todo el tiempo tenderá a desconectarte de las personas, incluso de aquellas que sólo desean tu bien, pero a las que les parecerás distante o inaccesible. Usar escudos de confusión o de los elementos puede provocar reacciones incluso más extrañas. Úsalos únicamente cuando sientas que los necesitas.

Invisibilidad

Hay algunas situaciones en las que la mejor protección es la ofuscación en lugar de la confrontación. Es posible que quieras retirarte un poco del caos del mundo para decidir cuál será tu siguiente movimiento o que desees pasar desapercibido mientras estás realizando tu propia magia de inversión o contramagia.[11] Cualquiera que sea el motivo, la in-

---

11. Ver capítulo sobre inversión y contramagia (capítulo 7).

visibilidad mágica puede ofrecer un tipo de protección que los rituales de destierro no ofrecen.

Hablando claro, este ritual no hará que seas transparente, ni tampoco que la luz se doble alrededor de ti, ni te permitirá, en absoluto, pasearte desnudo asombrando a la gente con una voz sin cuerpo y objetos que flotan en el espacio. La invisibilidad mágica oculta tu aura y hace que las personas que no te están mirando específicamente no perciban tu presencia. Si alguien está buscándote y se topa contigo en un pasillo, te verá bien, aunque es posible que te comente que hay algo distinto en ti ese día. También es posible que descubras que esas personas con las que has interactuado, posteriormente, olvidan esos encuentros.

Un ejemplo de esto es que, cuando empecé a experimentar con la invisibilidad mágica en la universidad, cada vez que me ofrecía a hacer comentarios en clase me pasaban por alto, a pesar de que antes yo había sido uno de los alumnos favoritos del profesor, al que él siempre escogía. Más adelante, cuando tuve una riña con unos amigos con los que vivía, utilicé los mismos rituales de invisibilidad y me dejaron tranquilo inmediatamente, incluso hasta el punto de que uno de ellos empezó a hablar de mí mientras me encontraba en la habitación porque olvidó que yo estaba presente.

Al igual que con los escudos, debes tener cuidado con cuándo emplees la invisibilidad. En una ocasión tuve un pequeño accidente automovilístico que pudo haber sido mucho peor, porque alguien salió de un aparcamiento y no vio mi coche. La persona se disculpó con efusión y me juró que había mirado, pero que simplemente no me había visto. De hecho, el motivo por el cual he incluido la invisibilidad en este libro no es tan sólo para que puedas evitar situaciones incómodas, sino también para que puedas protegerte. En el caso de un ataque mágico, particularmente si se emplean espíritus contra ti, el efecto de la invisibilidad como defensa será que el espíritu hostil no tendrá a quien atacar. Tarde o temprano, el espíritu acabará regresando al lugar de donde vino. Si fue enviado por un brujo o una bruja, se llevará consigo la maldición que estaba destinada a ti. Si se trataba meramente de un espíritu de naturaleza hostil, lo único que hará será regresar a su propio hábitat.

Lo único que necesitarás para este ritual será un poco de incienso. Es preferible si puedes utilizar mirra (sola, con incienso, o con sangre de drago), de lo contrario, puedes usar prácticamente cualquier incienso que desees.

El ritual se inicia haciendo aparecer la columna, igual que en el ritual de destierro del capítulo anterior.

PRIMERA PARTE: HACER APARECER LA COLUMNA

Empieza colocándote de pie, mirando hacia el este. Imagina que estás en el centro mismo del universo.

Inspira profundamente e imagina que desde arriba, emanando de los cielos más altos, desciende una columna de luz blanca y pura. Esta luz entra por la coronilla de tu cabeza y pasa a través de ti, hasta penetrar en el suelo. Esta luz blanca tiene las cualidades de purificar y centrar. Espira y pronuncia lo siguiente:

DECENDAT COLUMBA!
(¡El descenso de la paloma!)

Vuelve a inspirar profundamente e imagina que una luz rojiza, proveniente de abajo, se eleva por la columna y pasa a través de ti, hacia arriba. Mientras que la luz blanca era purificadora, esta luz es vigorizante. Espira y pronuncia lo siguiente:

ASCENDAT SERPENS!
(¡El ascenso de la serpiente!)

Vuelve a inspirar y siente cómo las dos energías entran en tu interior desde arriba y desde abajo. Espira y siente cómo las dos energías fluyen por tu cuerpo, llenando cada célula de tu ser con su poder. Siente la conexión entre la tierra y el cielo, el inframundo y los cielos.

Con la mano derecha, señala tu tercer ojo y di: I.

Coloca tu mano derecha sobre tu corazón y ábrela de manera que la palma mire hacia tu pecho y pronuncia: A.

Coloca tu mano izquierda sobre tus genitales y gira la palma hacia arriba, uniendo el pulgar y el índice. Pronuncia: O.

Quédate de pie unos instantes y medita sobre tu conexión con la tierra y el cielo, el inframundo y los cielos y tu unión con lo divino.

SEGUNDA PARTE: OCULTAR LAS CUATRO REGIONES

Colócate de pie en el centro de tu templo (o lo que sea), mirando hacia el este, y proclama:

Hécate, madre de la noche, Helios,
padre de la luz, cubridme con sombras y humo
para que pueda pasar desapercibido entre los hombres.

Toma el incensario o la varilla de incienso y sostenlo encima de tu cabeza, moviéndola en un diseño similar al signo del infinito. Pronuncia el nombre IAO, haciéndolo vibrar.

Lleva el incienso hacia abajo, de tal manera que lo estés sosteniendo cerca al suelo. Muévelo trazando la misma forma del infinito. Pronuncia el nombre OAI.

Muévete hasta el sudeste y traza la misma forma, pronunciando AOI.

Muévete hasta el sudoeste y traza la misma forma, pronunciando OIA.

Muévete hasta el noroeste y traza la misma forma, pronunciando AIO.

Muévete hasta el noreste y traza la misma forma, pronunciando IOA.

Regresa al sudeste, completando el círculo. Luego vuelve al centro del templo y coloca el incienso otra vez en su soporte.

TERCERA PARTE: DIVIDIR EL ESPACIO

Colócate otra vez de pie en el centro del templo y recuerda la sensación de estar en el centro mismo del universo. Frótate las manos hasta que estén calientes, lo cual hace que el poder entre en ellas. Manteniendo las palmas juntas, mueve las manos hacia adelante, como si las estuvieras introduciendo en la costura entre dos cortinas. De hecho, deberías tener en mente que estás insertando tus manos *en el espacio*. Una vez que lo hayas hecho, sepáralas como si estuvieras separando las cortinas (mientras lo haces, quizás incluso puedas sentir en la parte posterior de tus manos la presión del espacio separado).

Cuando tus manos estén separadas, vuelve la palma derecha hacia arriba y la palma izquierda hacia abajo. Empieza a moverlas otra vez: la palma derecha hacia arriba y la palma izquierda hacia abajo, separando otra de las tres dimensiones del espacio.

A continuación, coloca tu palma derecha mirando hacia adelante y tu palma izquierda hacia atrás; y luego sepáralas, dividiendo el espacio que te rodea. Así, has dividido las tres dimensiones del espacio (ancho, alto y profundo) alrededor de tu cuerpo.

Coloca las manos a los lados de tu cuerpo y di:

Por Hécate, madre de la noche.
Por Helios, padre de la luz.
Estoy fuera del espacio.
Avanzo en silencio y en las sombras. Así será.

Lleva tu dedo índice derecho a tus labios. Esto se llama la señal del silencio o la señal de Harpócrates. Inspira e imagina que tu cuerpo físico se ha vaciado de sustancias tangibles. Espira completamente y siente que te fundes por completo con lo que te rodea. Contén la respiración después de espirar todo el tiempo que puedas hacerlo cómodamente y medita sobre tu retirada del espacio normal. Sigue adelante en silencio y en las sombras.

Baños de limpieza y protección

Los baños espirituales son uno de los estratos más antiguos de la práctica mágica en este planeta. Desde tiempos inmemoriales, se cree que los baños sagrados limpian mucho más que el mero cuerpo, y la pureza del agua usada en conjunción con ciertas hierbas, minerales y aceites puede producir unos resultados muy poderosos. Vemos la evidencia de baños mencionada desde el Himno Sumerio hasta Nanna, y actualmente observamos su práctica reflejada por todas partes, desde el bautismo cristiano hasta los balnearios. Por todo el mundo hay lugares de poder dedicados a los baños mágicos: los *ghats* de Varnasi en el río Ganges, la cascada de Saut d'Eau en Haití y la piscina en el patio del rey Arturo en Glastonbury.

Aunque algunos practicantes occidentales parecen saltarse los baños y la purificación en favor de otras prácticas que están más basadas en la energía, como los destierros y los escudos, el baño mágico es una forma importante de anclar tu magia en el plano físico, consiguiendo unos resultados más tangibles. No hay mejor manera de limpiarte de influencias negativas, y yo recomiendo que el baño ritual siempre forme parte de cualquier plan de defensa que se emplee contra las fuerzas perturbadoras.

La primera consideración cuando piensas en un baño ritual es el agua en sí misma. Tradicionalmente, se utilizaría agua de una fuente natural, como un manantial o un lago, o agua recogida de las tormentas. Si vives cerca de un manantial o un río sagrados, ésa sería la fuente de agua ideal; la idea general es que cuanto más natural sea la fuente de agua, mejor. Dicho esto, reconozco que en la mayoría de los casos acabo usando agua del grifo y sospecho que la mayor parte de mis clientes también lo hace. ¡Es mucho mejor usar agua del grifo que no bañarte en absoluto!

Cuando hayas decidido el agua que vas a usar, necesitas saber lo que le vas a añadir al baño. Típicamente, las fórmulas exigen tres o más ingredientes, por lo general en números impares. Estos ingredientes pueden ser minerales, hierbas o animales, y lo que simbolizan define la naturaleza del baño. Hay fórmulas de baño tradicionales para todo, desde obtener dinero y amor hasta influir en las personas de tu entorno o ahuyentar la mala suerte y la negatividad. Es esta última categoría la que nos ocupa aquí, y a continuación ofrezco tres ejemplos de fórmulas sencillas que podemos usar. (Por favor, ten en cuenta que estas fórmulas sólo se recomiendan para ser utilizadas por los adultos, y todo el mundo debería ser cuidadoso con las áreas sensibles de la piel).

Protección

Un buen baño de protección incluye *sal, amoníaco y vinagre*. La sal y el vinagre pueden estar en las mismas proporciones de aproximadamente media taza, pero deberías emplear sólo una cucharadita de amoníaco diluida en 16 litros de agua como mínimo, ya que es tóxico y puede ser dañino si se inhala. El amoníaco se considera un limpiador tan fuerte que si se usa más, no sólo eliminará las influencias negativas, sino también las positivas y las neutrales.

Limpieza

La *corteza de roble blanco*, la *canela* y las *agujas de pino* componen una fórmula que me gusta para eliminar la mala suerte y la negatividad. Un baño de hisopo también es tradicional, especialmente para eliminar el mal que has atraído hacia ti. Estos ingredientes pueden añadirse con generosidad al agua del baño.

Invertir el daño

Hojas de eucalipto, pimienta roja y *ruda*. Se practica para invertir el daño devolviéndoselo a quien lo envió y puede usarse en conjunción con los hechizos del capítulo 7. Puedes añadir aproximadamente media taza de hojas de eucalipto, media taza de ruda y una pizca de pimienta roja.

Estas tres fórmulas de baño son sólo una muestra de las casi infinitas combinaciones existentes en las fórmulas tradicionales para la protección y la inversión. Para más información sobre hierbas y baños sagrados en general, consulta las fuentes que aparecen al final del libro.

El momento elegido para el baño también es un factor que se debe tener en cuenta. En la mayoría de los casos, se aconseja tomar los baños justo antes del amanecer para que el Sol que está saliendo trabaje contigo. Si sabes que te vas a enfrentar a alguien que está trabajando en tu contra, o si vas a viajar a una zona que está infestada de un ambiente psíquico negativo, entonces es una buena idea tomar un baño de protección justo antes de enfrentarte a ello. Si te aquejan los síntomas durante la noche, entonces lo mejor sería que te bañaras antes de irte a la cama. Sigue las fases Lunares (Luna menguante para alejar y Luna creciente para atraer), o los días planetarios de la semana para decidir el momento de darte el baño. Pero en los casos en los que se está manifestando un ataque en el presente, es mejor poner las cosas en marcha inmediatamente, en lugar de esperar al día o la fase Lunar propicios. Déjate guiar por el sentido común y por tus propias inclinaciones.

Aquí debo decir que el baño ritual no es un baño para la limpieza física. No te interesa enjabonarte ni ponerte champú; sólo te interesa el ritual. La manera en que te bañas es muy importante: para atraer cosas hacia ti, restriégate desde los pies hasta la cabeza, y para alejar la energía de ti, restriégate desde la cabeza hasta los pies, y sumérgete para aliviar los síntomas. A menudo, durante el baño se lee un hechizo o una oración. En el vudú, por ejemplo, y también en la magia salomónica, se leían determinados salmos durante el baño (como el Salmo 23 para obtener protección y el 51 para la purificación). Un pagano haría bien en recitar uno de los conjuros de protección del *Papyri Graecae Magicae*. A menudo, las palabras que eliges funcionan igual de bien o mejor que esas lecturas tradicionales, y deberías sentirte libre para usar cualquier cosa que sea apropiada para la situación.

He aquí un conjuro que invoca a Hécate y a Helios, que encaja bien con los otros rituales de este libro:

Yo te saludo, Hécate del umbral.
Yo te saludo, altísimo Helios.
Colocad vuestras manos sobre mí en consagración, alejad la enfermedad y el mal de mis miembros. Que estas aguas alejen a mis atacantes y los arrojen a los cuatro ríos del Hades. Que el aire los lance a los cuatro vientos.
Que yo permanezca eternamente en vuestra luminosa luz y mi camino se aclare.
Yo te saludo, Hécate del umbral.
Yo te saludo, altísimo Helios.

Antiguamente, antes de que existieran las cañerías interiores, la gente solía lavarse en jofainas que luego llevaba al exterior y vaciaba. Otro elemento tradicional de un baño espiritual que se toma al amanecer sería vaciar el agua en dirección al Sol que sale por el este para, de ese modo, alejar cualquier negatividad que hayamos extraído durante el baño. Ciertamente, en la actualidad, en esta era, nos bañamos principalmente en el interior de las viviendas, de modo que comprendo que la mayoría de la gente quiera usar el desagüe de su bañera para deshacerse del agua. Reconozco que yo suelo bañarme en la bañera y dejar que el agua se vaya por el desagüe, pero también he usado una jofaina y lo he hecho a la manera tradicional. En cuestiones que son importantes para mí, creo que vale la pena hacerlo a la antigua. Prueba las dos formas a ver si encuentras la diferencia.

Amuletos y talismanes

Mucho se ha dicho sobre la diferencia entre los amuletos y los talismanes. Algunas personas, como Donald Michael Kraig, afirman que el amuleto ahuyenta a las fuerzas y el talismán atrae cosas. Otras afirman que los amuletos se refieren únicamente a los que se encuentran en la naturaleza, que están impregnados con cualidades innatas, como por ejemplo las piedras sagradas, y que los talismanes se refieren a objetos fabricados por una bruja o un brujo y cargados en un ritual. No parece haber un gran respaldo lingüístico a ninguna de las dos afirmaciones, y no discutiré ni en un sentido ni en el otro. Lo importante es que llevar un objeto es uno de los métodos de protección más conocidos y más extensamente practicados en el planeta. Ciertamente, esta forma de magia ha penetrado en la cultura dominante más que cualquiera de las prácticas mencionadas en este libro, y no es poco frecuente descubrir que personas que se consideran absolutamente alejadas de la brujería llevan una pata de conejo, el medallón de un santo o un collar con una runa.

Entre los amuletos naturales, el hierro es el rey de las sustancias protectoras.[12] Su uso en la protección contra espíritus, brujos y brujas y seres feéricos es conocido en el mundo entero. Tan perjudicial es el hierro para los espíritus que algunas tradiciones de brujería no permiten que haya ningún metal dentro del círculo hasta que esté bien con-

---

12. Para información más extensa de las propiedades protectoras del hierro, ver el excelente ensayo «The apotropaic use of iron» de B. Gendler *(www.panikon.com/phurba/articles/iron/html).*

sagrado y estable. Muchos cementerios antiguos están rodeados de verjas de hierro con pinchos, no sólo para mantener fuera a los intrusos, sino también para mantener *dentro* a los fantasmas. Antes de que aprendiéramos a extraer el hierro de las minas y a fundirlo, una importante fuente de hierro para el hombre de la antigüedad eran los meteoritos, que tenían una alta concentración de hierro y níquel. Este hierro del cielo es particularmente valorado en la magia y es uno de los metales requeridos en la construcción tradicional de la *Phurba* tibetana.[13]

La práctica de introducir un clavo o un cuchillo de hierro en el marco de la puerta para mantener a las brujas alejadas es muy conocida en toda Europa y posiblemente deriva de la *Historia Naturalis* de Plinio, que habla de las propiedades apotropaicas del hierro:

> Tomad un cuchillo o una daga y trazad un círculo imaginario dos o tres veces con su punta, por encima de un niño, o un cuerpo anciano, y luego id alrededor también de las personas pues, a menudo, preserva contra todo veneno, hechicería o encantamiento. Además, si se extrae un clavo de hierro de un ataúd o sepulcro en el que está enterrado un hombre o una mujer, y se clava firmemente en el dintel o poste lateral de una puerta que conduzca a la casa o el dormitorio donde yace la persona a la que los espíritus acosan por la noche, ésta será liberada y quedará a salvo de ese tipo de ilusiones fantásticas.

Fíjate que Plinio no sólo habla de la capacidad del hierro para deshacer encantos, sino también, específicamente, del poder de los clavos de hierro de un ataúd. Los clavos de ataúd están particularmente valorados en la práctica del vudú y se utilizan tanto para echar maldiciones como para protegerse de ellas. Yo mismo tengo una cruz con clavos de hierro de ataúdes que sirve como un poderoso amuleto protector.

---

13. Los tres metales son *nam chak*, *sa chak* y *dri chak*. *Nam chak* es un metal del cielo proveniente de los meteoritos, *sa chak* es un metal de la tierra y *dri chak* es un metal que ha sido extraído de una espada o un cuchillo que ha matado a alguien.

La cruz, en sí misma, también es un poderoso símbolo protector y tiene una historia que se remonta más allá del cristianismo. La cruz de brazos iguales es uno de los símbolos religiosos más antiguos de la Tierra y ha dado lugar a muchas variantes, incluyendo la *crux-ansata*, o anj, de Egipto, y la esvástica, que es conocida como el *yungdrung*, o el eterno, en el Tíbet y el *fylfot*, que significa cuatro pies, en Europa. El simbolismo de la cruz es múltiple y puede indicar el encuentro de dos mundos o planos, la rueca del Sol o la división del mundo en las cuatro direcciones. Su uso como símbolo del dios sacrificado no debería pasarse por alto y no está limitado únicamente a la tradición cristiana. El dios persa / romano Mitra, el dios etrusco Ixión y el azteca Quetzalcoatl se han mostrado crucificados en cruces de algún tipo.

Ciertamente, puedes comprar una cruz para usarla como amuleto, pero siempre he considerado que la unión de dos varillas es un momento poderoso e ideal para cargar la cruz ritualmente, así que recomiendo que hagas una tú mismo. Puedes elegir el material que prefieras, pero debería tener algún significado. Puedes usar una madera sagrada como el serbal, el roble o el espino, o tal vez los clavos de hierro antes mencionados (los clavos de ataúdes son difíciles de encontrar, así que sólo tendrás que buscar clavos de hierro en una ferretería), o también huesos. Los huesos de pollo o de otros animales serán más que adecuados, pero si quieres, puedes usar huesos humanos, que se pueden comprar legalmente en lugares como *the Bone Room* en California.[14] Si decides utilizar huesos, asegúrate de hacer una ofrenda al espíritu que está adherido a ellos y hacer una adivinación para ver si se producirá alguna obstrucción al usarlos.

Para realizar el hechizo, simplemente sostén las dos varillas de la cruz delante de ti, con los brazos completamente extendidos, en una posición similar a una persona que en una película de terror ahuyenta

---

14. Bajo ninguna circunstancia aconsejo desenterrar una tumba para conseguir huesos humanos o clavos de ataúd. Si te esfuerzas por buscarlos, los puedes comprar legalmente; perturbar una tumba puede tener graves consecuencias espirituales, por no hablar de las legales.

a un vampiro sosteniendo dos palitos juntos. Visualiza que los brazos de la cruz se extienden hacia fuera hasta el infinito y concentra tu mente en el punto en el que se cruzan. Mientras sostienes la cruz, haz una proclamación como:

Por Bóreas, Céfiro, Euro y Noto.
Por Flegetonte, Cocito, Estigia y Aqueronte.
Por todos los príncipes y poderes de las cuatro direcciones.
Uno y consagro esta cruz para que sea siempre un escudo y una
    protección contra todo tipo de poderes malévolos, espíritus
    odiosos y hechizos siniestros. Por la Voluntad y la Palabra,
¡Así será!

Después de cargar la cruz, déjala sobre el altar o en el suelo, sin separar las varillas, y átalas envolviéndolas con hilo negro o cuero. Si estás trabajando con hierro y sabes hacerlo, puedes soldar la cruz.

Aparte de la cruz, existe una variedad casi infinita de símbolos protectores que se pueden comprar o convertir en amuletos:

- La mano *hamsa*, también conocida como la mano de Fátima (la hija de Mahoma) o la mano de Miriam (hermana de Moisés y Aarón), es un símbolo de protección popular en Oriente Medio. Consiste en una mano que señala hacia abajo, normalmente con un ojo en el centro.
- Una variación de la mano *hamsa* es el ojo en vidrio azul que se puede encontrar en todas partes en Marruecos, Turquía, Italia y también en la santería. Éste adopta numerosas formas, desde un simple ojo pintado en un pequeño círculo de vidrio azul o una mano *hamsa* azul con un ojo hasta vistosas herraduras con ojos pintados en ellas.
- El *palad khik*, o pene sustituto de Tailandia, es un amuleto con forma de pene que normalmente tiene un mono, un tigre o algún otro animal montando encima de él. El amuleto del pene protege de los espíritus y hechizos que causarían infertilidad o pérdida de la virilidad, y se lleva en el cinturón. Si se cae, es una señal de que ya ha realizado su trabajo y ha absorbido un ataque, en lugar de tus verdaderos genitales.

- El *triskele* tiene la forma de una esvástica de tres brazos. Está compuesto de tres piernas flexionadas unidas en el muslo. En Grecia y en Italia, a menudo tiene una cabeza de Gorgona o Medusa en el centro y petrifica a cualquier brujo, bruja o persona dañina.
- La *mano fico* y la *mano cornuto* de Italia son gestos de mano protectores que se ven habitualmente en los amuletos de mano. La *mano fico*, o mano de higo, coloca el pulgar entre los dedos índice y medio de un puño cerrado. La *mano cornuto*, o mano con cuernos, levanta los dedos índice y meñique de un puño cerrado, representando los cuernos. Estos dos amuletos pueden ser de plata, hierro o peltre, pero son especialmente poderosos cuando se hacen con coral rojo.
- La moneda de plata de diez centavos es un amuleto protector estadounidense. No sólo tiene las propiedades protectoras de la plata, sino que se dice que se vuelve negra si alguien te ha maldecido. Esta creencia se origina en la práctica de colocar monedas de plata de diez centavos en los zapatos, donde un curandero ponía polvos de bobos, polvos picantes de pies, o algunos otros polvos de maldición. Esos polvos casi siempre contienen azufre, el cual hacía que la moneda se tornara negra.

La lista de amuletos protectores tradicionales podría llenar varios libros, y ya lo hace, pero los mencionados son un buen comienzo para cualquier colección de amuletos apotropaicos.

Aparte de estos amuletos, hay sellos talismánicos que pueden dibujarse en pergaminos o grabarse en un metal apropiado. Podemos encontrar una infinita variedad de ellos en grimorios como las clavículas de Salomón. Los dos más famosos son los llamados cuadrado Sator y el encanto «Abracadabra».

El cuadrado Sator deriva de otro palíndromo en latín que dice así: «SATOR AREPO TENET OPERA ROTAS» y puede organizarse formando un cuadrado mágico:

Figura 3.1 Cuadrado Sator

Sator significa «sembrar». *Tenet* significa «sostener». *Opera* significa «trabajar, cuidar, o esfuerzo». *Rotas* significa «rueda». *Arepo* es una palabra más problemática, ya que no aparece en el latín. Algunos piensan que indica un nombre propio, otros que fue tomada del galo y significa «arar». Pero hay quien cree que se trata de una versión aramea de la frase griega para decir alfa y omega. Esta última interpretación es respaldada por el hecho de que puedes organizar las letras para formar las palabras *Pater Noster* (Nuestro Padre), en una cruz dejando sólo dos As y Os fuera, formando así un amuleto cristiano que se parece a la figura 3.2.

```
                    P
                    A
        A           T           O
                    E
                    R
        P A T E R N O S T E R
                    O
                    S
        O           T           A
                    E
                    R
```

Figura 3.2 Cruz del Paternóster

Con el cuadrado se puede hacer otro anagrama que forma la frase *Satan, ter oro te, reparato opes* («Satanás, te lo ordeno tres veces: devuélveme mi fortuna»). Cualquiera sea su verdadero significado, se ha utilizado desde la caída de Pompeya en la magia protectora, y se sigue usando hasta el día de hoy. No es poco frecuente encontrar que el sello se empleaba entre los holandeses de Pensilvania como señal de maleficio.

Abracadabra es una palabra mágica que, desafortunadamente, tiene una mala reputación en la actualidad porque los magos de espectáculos la utilizan para vestir sus proezas de prestidigitación. Este término solía tener una buena reputación como antigua palabra de poder, y hay varias versiones sobre su origen. La etimología más aceptada es que proviene de la palabra aramea *avra kehdabra*, que significa «creo mientras hablo». Otra posibilidad es que provenga de una frase aramea distinta: *abhadda kedhabhra*, que significa «desaparece como esta palabra». Este último significado se presta mejor para su uso como amuleto escrito.

El amuleto es simplemente la palabra Abracadabra escrita una y otra vez, dejando caer una letra cada vez. Este encanto apareció por primera vez en el siglo II en *De Medicina Preacepta* de Serenus Sammonicus, médico del emperador romano Caracalla, y tiene fama de ahuyentar las enfermedades. Desde entonces, ha sido utilizado como encanto mágico para alejar, no sólo las enfermedades, sino también a los espíritus malévolos y las maldiciones.

```
ABRACADABRA
ABRACADABR
ABRACADAB
ABRACADA
ABRACAD
ABRACA
ABRAC
ABRA
AB
A
```

Ciertas hierbas y ciertos minerales se llevan también como amuletos protectores. Dicen que la sal, por ejemplo, ahuyenta a las personas no deseadas. La asafétida aleja las enfermedades y las maldiciones, y prácticamente a todos los que la huelen.

El estramonio sujeta a los espíritus malignos. El alga agar-agar ayuda a hacerse invisible y puede utilizarse conjuntamente con el ritual de la invisibilidad de la página 67 a la 70. Todo ello, además de una escoba, sangre de dragón, ajo, muérdago, eucalipto, citronela, romero, limón y mandrágora son tan sólo algunas de las hierbas y productos que pueden llevarse aparte o en la mano de conjuro.

La mano de conjuro también se conoce como bolsa *mojo* o bolsa *grisgrís*. La palabra *grisgrís* indica que la bolsa tiene una combinación de magia blanca y magia negra que funciona en ella. Estas bolsas son un producto principal de la tradición vudú norteamericana y están hechas para una variedad de propósitos.[15] Las manos de conjuro para obtener protección pueden elaborarse reuniendo los materiales apropiados dentro de una bolsita de franela con cordón que sea de un color adecuado (normalmente rojo) o amarrándolos dentro de una tela, al estilo de Nueva Orleans. El número de ingredientes debería ser impar (lo más habitual es que sean tres, siete o nueve). Deberías evitar las bolsas con más de 13 ingredientes.

Éstas son algunas fórmulas de tres ingredientes que me gustan:

La mano del diablo[16]

Nueve trozos de ruda cabruna para amarrar el mal, una nuez de murciélago para asustarlo y mantenerlo alejado y un poco de asafétida, que

---

15. Una explicación completa de las bolsas *mojo* está fuera del alcance de este libro. Los que estén interesados deberían consultar las fuentes sobre el vudú en la última parte del libro, particularmente la obra de Catherine Yronwode, propietaria de la Lucky Mojo Curio Company.

16. Ten presente que en la magia popular, la palabra *diablo* no siempre hace referencia a una presencia maligna, sino que puede estar haciendo referencia a dioses africanos de encrucijadas, o a los diversos dioses astados de Europa, y los diversos grados en los que estas figuras han sido identificadas con el diablo. De hecho, hay muchas tradiciones de brujería en Europa que colocan la etiqueta de diablo al dios astado y no tienen ningún problema con que se le llame así a Robin.

también recibe el nombre de excremento de diablo. Colócalo todo dentro de una bolsita negra.

Una mano inversora

Unas hojas de eucalipto, un poco de sal y unos caparazones de cangrejo dentro de una bolsita roja invertirán los hechizos y el daño, devolviéndoselos a quien los envió.

Protección angélica

Una mano de conjuro de raíz de angélica, capullos de álamo bálsamo y sal es particularmente poderosa para las mujeres. Dicen que esta mano arregla las cosas de una forma menos agresiva que un amuleto de inversión o de escudo directo.

Rompemaleficios

Llevar salitre, azufre y hierba de limón en una bolsita roja de franela es una buena fórmula para romper un maleficio y abrir la puerta a nuevas oportunidades.

Protección para viajes

La artemisa, las hojas de consuelda y el hinojo te mantendrán a salvo durante los viajes, manteniendo alejadas no sólo a energías, espíritus y hechizos dañinos, sino también a la ley.

Tanto si usas alguna de estas fórmulas como si empleas una fórmula tradicional de alguna otra parte, u otra ideada por ti, la bolsa *mojo* debería ser consagrada y vivificada por el espíritu. Una hechicero tradicional norteamericano usaría un salmo o una oración improvisada para cargar una bolsa, y tú deberías sentir la libertad de hacer lo mismo, si lo deseas. Algunos hechiceros le hablan a la bolsa como si estuviera viva y le dan instrucciones. En «Voodoo Tales as Told Among the Negroes of Southwest, Collected from Original Sources», la folclorista Mary Alicia Owen ha registrado uno de estos rituales realizado sobre un amuleto que un curandero llamado King hizo, por encargo de Owen para Charles Godfrey Leland, autor de *Arcadia: Gospel of the Witches*.

«Ahora», dijo él, dirigiéndose a la pelota, mientras la sostenía entre sus dedos pulgar e índice, «tu nombre e' Leland, Charles Leland. Quiero manda'te muuu lejo', a tu mae'tro, muuu lejo', a travé' de la' grande' agua' (el océano). Sal al bosque y refré'cate pa' empezá'. ¡Vete!

¿Me oye'? ¿Te ha' ido? ¿Te ha' ido lejo'? ¿Está' subiendo? ¿Está' subiendo alto?».

Después de cada pregunta, había una serie de respuestas, cada vez más débiles, ya que se suponía que el espíritu de la pelota estaba cada vez más y más lejos.[17]

Puedes hacer algo completamente espontáneo, componer tu propia carga para la bolsita o usar un hechizo de la tradición de la que provengas. Puesto que yo tengo a la serpiente sagrada como un agente de gnosis y de magia, a menudo uso un canto al que llamo la canción de la serpiente para cargar la bolsita mientras la sostengo por encima de un incienso apropiado o del humo de la llama de una vela.

HO OPHIS HO ARCHAIOS
HO DRAKON HO MEGAS
HO EN KAI, HO EN KAI
HO ZON TOUS AIONAS
¡META TOU PNEUMATOS SOU!
(Oh, Serpiente Antigua, Oh, Gran Dragón,
Que fue y que es
a través de los Eones
¡Que estés con nuestro espíritu!).

Cuando canto esto el suficiente número de veces, normalmente siento un cambio en el ambiente, como si varias puertas invisibles se abrieran a mi alrededor, o hay un cambio repentino en mi percepción,

---

17. Mary Elizabeth Allcorn, «Voodoo Tales Among the Negroes of the Southwest, Collected from Original Sources», *Missouri Folklore Society Journal* (v. 8-9, 1986-1987).

como si por un instante no pudiera recordar cómo llegué ahí. Cuando termino, escupo en el interior de la bolsita y digo: ASÍ SERÁ.

La rueda de Hécate

De acuerdo con los hechizos hecateanos de este libro, quiero presentar un sello y una carga que se me aparecieron en un sueño después de un trabajo con Hécate en 2002. El símbolo es bastante simple y se asemeja una rueda de tridentes o bieldas (*véase* figura 3.3 en la página 76).

Puede inscribirse en pergamino o grabarse en metal. También se puede pintar en el suelo como un círculo mágico de protección. La carga del símbolo invoca no sólo a Hécate, sino también a cuatro grupos de las triples figuras femeninas de la mitología griega: las Erinias, las Gracias, las Parcas y las Gorgonas. Para cargar el sello, sostén tus manos en la posición conocida como el triángulo de manifestación (colocando las palmas mirando al sello, con las puntas de los pulgares y las de los dedos índice unidas formando un triángulo a través de cual puedes ver el objeto que estás cargando). Usa la siguiente invocación para cargar el sello:

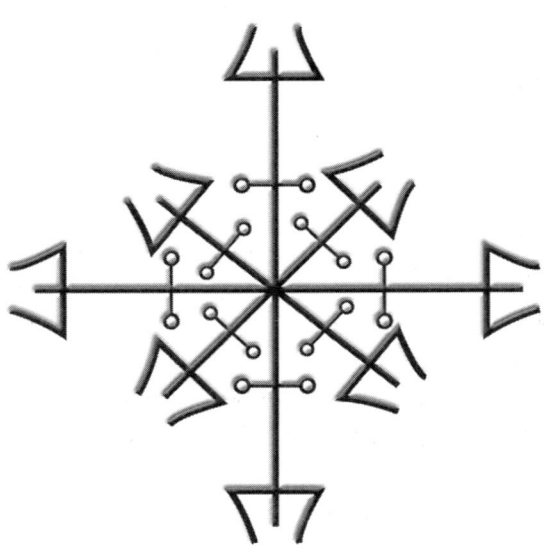

Figura 3.3

Yo te saludo, Hécate, guardiana de las llaves del mundo. Yo te saludo, Enodia, vigilante del camino triple.

Yo te saludo, Nekuia, guardiana de la tumba. Baja, nocturna e infernal.

Te llamo por tus tres nombres secretos, Ereshkigal, Nebotosoaleth, Aktiophis.

¡Oh, Hécate!

¡En tu nombre invoco a las Parcas! Todopoderosas Moiras, Cloto, Laquesis y Atropos.

¡Os agito, os invoco y os llamo! Vosotras, que origináis, medís y cortáis el tejido de la vida.

Tened misericordia con vuestro hilo

y haced girar la marea de la batalla a mi favor.

¡Oh, Hécate!

¡En tu nombre invoco a las Erinias!

Seres terribles engendrados de la sangre de Urano Alecto, Tisífone, Magera.

¡Os agito, os invoco y os llamo!

Venid desde Erebo y proteged al portador de este sello.

Mediante una ira justa, ¡expulsad a todos los atacantes!

¡Que ni siquiera los nombres de mis enemigos existan!

¡Oh, Hécate!

¡En tu nombre llamo a las Gorgonas!

Guardianas de las encrucijadas secretas con cabellos de serpientes, Euríale, Esteno, Medusa.

¡Os agito, os invoco y os llamo!

¡Venid desde el oeste y proteged al portador de este sello!

Vosotras, que estáis cubiertas de escamas impenetrables, con cabellos de serpientes y manos de latón.

Proteged de todos los espíritus maliciosos y hechicerías.

¡Estad presentes y estad preparadas!

¡Oh, Hécate!

¡En tu nombre invoco a las gracias!

Bellos seres que bailan eternamente a través de los cielos.

Talía, Euforsina y Aglaya.

¡Os agito, os invoco y os llamo!

¡Venid desde los claros y asistid a vuestro hechicero!
Sanad todo el mal que han hecho mis enemigos y conducidme
    por los caminos de la abundancia. Hécate Propylaia,
Hécate Phosphoros, Hécate Propolos,
protectora, iluminadora y guía.
En tu nombre llamo a los espíritus
para pedir su favor, su furia, su protección y su gracia. Por tu poder
    esto se hará.
Saludo a Hécate, guardiana de las llaves del mundo.

La invocación sigue una sencilla pauta: primero invoca a Hécate como diosa suprema y, luego, en su nombre, llama a los espíritus. Estos grupos de espíritus triples son invocados en este orden particular como una estrategia de defensa. Primero son invocadas las Parcas para que den el favor de la fortuna a toda la situación. Luego son invocadas las Erinias para que expulsen a las influencias ofensivas de nuestra esfera. Después de que las influencias han sido desviadas por las Erinias, nos protegemos de otro ataque invocando a las Gorgonas para que monten guardia. Por último, invocamos a las Gracias para que reparen cualquier daño que se haya producido y les pedimos sus bendiciones.

El símbolo que está relacionado con este hechizo puede ser grabado en metal, preferiblemente en plata, marcado con calor en madera o trazado en un pergamino que luego llevarás contigo. También podemos dibujarlo en una puerta como símbolo de protección, o en el suelo como círculo protector.

COMENTARIO DE LA NUEVA EDICIÓN

En este capítulo proporcioné un grupo de protecciones y limpiezas personales, todas ellas válidas y que todavía utilizo.

Lo único que quiero añadir aquí es que si ya estás bajo ataque, la protección no es suficiente. Necesitas limpieza y purificación para deshacerte de lo que ya te está afectando. Todos los baños hacen esto, y también lo hace la rueda de Hekate. Creo que no he insistido lo suficiente en este punto.

Mi recomendación es empezar siempre con un baño para purificarse. Una fórmula muy sencilla que no indiqué aquí es un baño de tres sales: partes iguales de sal de Epsom, salitre y sal de mesa o sal marina. Reza a Hekate o a cualquier poder en el que decidas confiar para que te proteja y le dé poder a la mezcla, luego lávate desde la parte superior de la cabeza hasta los pies. Si eres de la vieja escuela, lo harás en una palangana y luego tirarás el agua de la bañera para simbolizar que la condición eliminada te abandona, pero si eres perezoso como yo, lo más probable es que lo hagas en la bañera y dejes que se vaya por el desagüe. Eso también está bien.

Después de eso puede que quieras trabajar en alguna limpieza energética. El simple «Conjurar la Columna» que doy para empezar tanto la Esfera de Hekas en el último capítulo como el ritual de Invisibilidad en éste puede hacerse por sí solo como una excelente limpieza y purificación energética. Podrías añadir fácilmente algunos ejercicios sencillos de respiración en los que inhalas aire puro y limpio y exhalas aire negro ahumado. La técnica de las Nueve Respiraciones de Purificación utilizada en los yogas tibetanos es sólo un ejemplo de este sencillo pero eficaz procedimiento.

No importa mucho si colocas tus protecciones antes de limpiar o si limpias y luego purificas, pero si estás bajo ataque debes asegurarte de hacer ambas cosas. Limpiar sin protección sólo permitirá que las fuerzas que te están atacando vuelvan con fuerza. La protección sin limpieza impedirá que te afecte una mayor influencia, pero podría dejar que la infestación o infección espiritual que ya te aflige siga campando a sus anchas.

Capítulo IV

Protección para el hogar

Puesto que ya hemos tratado el tema de los métodos de protección personal, ahora pasaremos a la protección del hogar. Del mismo modo que Superman necesita la fortaleza de su soledad cuando las cosas se ponen difíciles, el hogar de una bruja o un brujo debería ser un refugio, incluso cuando está recibiendo los ataques más fuertes. La casa (el automóvil y la oficina) es, en muchos sentidos, una extensión mágica de nosotros mismos. Si un atacante no tiene un buen elemento personal para utilizarlo como vínculo mágico, como puede ser un cabello o una pieza de ropa, entonces, normalmente, el hechicero inteligente convertirá la vivienda de la persona en su blanco y la usará como si fuera un vínculo mágico gigantesco. Echar polvo de bobos o colocar un grisgrís directamente sobre alguien es un poco más perceptible que ir a su casa en medio de la noche y dejarlo delante de su puerta o enterrar algo en el jardín, de modo que ése es uno de los métodos más antiguos para echar una maldición.

Aparte de los ataques de otros hechiceros, la vivienda de una bruja o un brujo suele ser un lugar en el que se realizan muchos rituales que atraen a todo tipo de espíritus y fuerzas variopintas. Contrariamente a lo que dicen las enseñanzas ocultas populares, los espíritus y las fuerzas no quedan fuera de una forma instantánea y permanente cuando se cierra el círculo o se realiza un ritual de destierro. Y tampoco debería ser así. El hogar de una bruja o un brujo *debería* ser una casa de los espíritus, donde no sólo puedan ser invocados e interrogados, sino donde también ellos, a su vez, puedan acercase a ti. Así es como se construye una relación con las inteligencias y los espíritus, y no deberíamos confundir las instrucciones para proteger el hogar con otras para cerrar todo contacto con los otros mundos, poderes y moradores. No obstante, deberíamos tener establecida una defensa para ahuyentar a las fuerzas hostiles o que nos quitan energía y que nuestros actos mágicos pueden haber atraído al interior de nuestra vivienda. La mayoría de nosotros recibe visitas muy variadas en su hogar, aunque no todas se han investigado y no ha quedado demostrado que sean inofensivas. Nos sentimos seguros recibiendo gente porque disponemos de algún tipo de seguridad (aunque no sea más que llamar a la policía) en el caso de que alguno de nuestros visitantes nos amenace o se ponga violento. Debemos aprender a hacer lo mismo con los espíritus.

En esté capítulo me referiré al «hogar», pero la mayoría de las instrucciones también se pueden aplicar a nuestro vehículo, a la oficina o a cualquier otro lugar en el que uno pase mucho tiempo. Asimismo, normalmente las instrucciones para la «casa» son aplicables a un piso o un apartamento, y lo que no pueda hacerse al pie de la letra puede modificarse con un poco de ingenio. Cuando las instrucciones requieran que enterremos algo en el jardín, por ejemplo, también podemos enterrarlo en una maceta con una planta en un apartamento.

Fregar el suelo

Fregar el suelo funciona para tu hogar de la misma manera que bañarte funciona para tu cuerpo. Los lavados son una parte muy antigua y tradicional de la magia que predomina especialmente en la práctica del vudú. Existen fregados de suelos para todas las finalidades mágicas (desde detener los chismes o atraer clientes a los burdeles, hasta hacer las paces), pero aquí lo que nos ocupa son únicamente aquellos que se utilizan para la defensa mágica. Puedes encontrar más información sobre otro tipo de lavados consultando las fuentes que aparecen al final de este libro.

El lavado de suelos para ahuyentar el daño se aplica desde la parte posterior de la casa hacia la puerta principal y hacia fuera, como si estuvieras recogiendo las influencias no deseadas y empujándolas hacia fuera por la puerta. Un fregado de suelos para atraer algo se hace exactamente al revés, empezando en la puerta principal para acabar en la parte posterior de la casa. Si tu casa o tu edificio tiene muchas plantas, si lo que quieres es repeler algo, empieza desde arriba y ve bajando, y haz lo contrario si lo que deseas es atraer. Si tu casa está moquetada, puedes mezclar un poco del líquido limpiador en un pulverizador y rociarlo sobre la moqueta o, si eres más tradicional, puedes usar una pluma o un pulverizador para rociar el líquido sobre la alfombra. La pauta general de avanzar de atrás hacia adelante o de adelante hacia atrás debería seguirse en cualquier método que utilices, y será necesario organizar tu casa antes de empezar.

Al igual que el baño, lo ideal es fregar el suelo con agua recogida de alguna fuente natural, como un río, un manantial o agua de lluvia. El agua del grifo servirá en un apuro, pero el agua de una fuente natural es lo tradicional y, si puedes conseguirla, deberías usarla. Se añade una cantidad relativamente pequeña (entre una cucharada sopera y una taza) de ingredientes a casi cuatro litros de agua, o más, y se reza por ellos con fervor. Si no quieres añadir los ingredientes directamente por no ensuciar, puedes mezclarlos en una infusión y luego añadir la mezcla al agua.

He hecho una lista de algunas fórmulas que son útiles en la magia de protección y de defensa. Una vez más, he reducido las fórmulas a mezclas de limpieza de tres ingredientes. Invito a las personas interesadas en fórmulas más complejas a que consulten los diversos herbarios de magia existentes:

Para disipar maleficios
Agujas de pino
Salitre
Tu propia orina (la primera de la mañana)

Lavado de exorcismo
Ajo
Pimienta
Vinagre

Lavado de paz
Azúcar
Lavanda
Agua de rosas

Lavado para ahuyentar y mantener a distancia
Sal de bruja[18]
Raíz de valeriana
Retama

Lavado para la limpieza espiritual
Cáscaras de huevo molidas
Corteza de roble
Hierba limón

Puedes usar estas u otras fórmulas siempre que creas que son necesarias para una estancia o para toda la casa. Una práctica eficaz es elegir una buena fórmula de limpieza y usarla con cada Luna nueva, tanto si estás siendo atacado como si no, especialmente en el espacio de tu templo. Cuando hayas acabado con el lavado, deberías tomar el exceso del líquido de limpieza y el agua sucia y desecharlos fuera, delante de la puerta de la casa, en dirección al este. Igual que en el caso de los baños, es mejor que los lavados se hagan por la mañana, antes del amanecer, pero si es necesario se pueden realizar en cualquier momento. Por ejemplo, si alguien a quien consideras un enemigo sale de tu casa, puedes aplicar el lavado para «mantener a distancia» justo después de que se haya ido, para hacer que no regrese.

---

18. La sal de bruja, o sal negra es sal con hollín o algún otro tipo de agente que se le añade para que adquiera un color negro.

Incienso

No hay ningún aspecto más predominante y arquetípico del ritual mágico que la quema de incienso. Prácticamente todas las culturas de la Tierra reconocen el poder espiritual que tienen ciertas hierbas, resinas y maderas cuando se las hace arder. Al impregnar la sustancia material con nuestras aspiraciones y deseos, cuando la quemamos, éstos pasan de lo material a lo intangible y, por último, vuelven a la dimensión espiritual, donde nuestras plegarias son escuchadas.

Puedes quemar incienso en un portaincienso inmóvil, pero si estás usándolo en una ceremonia de limpieza o de destierro, deberías emplear un incensario o algo que puedas transportar fácilmente. La pauta del uso del incensario es la misma que la del lavado: ir de atrás hacia adelante y salir por la puerta para expeler, y avanzar desde la parte delantera hasta la parte posterior para atraer.

Las recetas de incienso abundan, así que siéntete libre de experimentar con diferentes fórmulas durante las épocas de tranquilidad. Cuando necesites urgentemente una defensa o cuando otra persona dependa de ti no es un buen momento para probar cosas nuevas, así que asegúrate de escoger algunas recetas eficaces antes de que las necesites. Éstas son algunas fórmulas de incienso excelentes que yo he utilizado:

Para limpieza general, protección y exorcismo
Incienso
Mirra
Sangre de drago

Para invertir el daño
Gordolobo
Salvia
Ruda

Para calmar a los espíritus
Alcanfor
Menta
Pino

Se podría decir que los lavados de suelos representan a los dos elementos femeninos: agua (el agua para el lavado) y tierra (las hierbas, los minerales y otros ingredientes del lavado). El incienso representa a los elementos masculinos: aire (el humo) y fuego (quemar). La combinación del incienso y el lavado del suelo es una manera muy completa de impregnar un ambiente con tu voluntad. Al igual que en el baño, el proceso adquiere más poder si pronunciamos una oración o un hechizo mientras lavamos o pasamos el incienso. Los salmos se utilizan con frecuencia para este propósito en las diversas tradiciones de la brujería cristiana. Las citas de los oráculos caldeos[19] se prestan muy bien al proceso, al igual que varias fórmulas wiccanas para el exorcismo por agua salada e incienso. Me gusta la siguiente fórmula para la protección, la limpieza y el exorcismo:

¡Por la tierra, el cuerpo de los dioses; por el agua, su sangre que fluye!

¡Por el aire, el aliento de los dioses; por el fuego, su espíritu ardiente!

¡Alejo todo mal, daño y odio!

Apo Pantos Kakodaimonos!

Hekas Hekas Este Bebeloi!

Sigy! Sigy! Sigy!

Aunque he incluido este hechizo en el capítulo sobre la protección del hogar, también puede utilizarse de manera fácil para una combinación de baño e incienso y aplicarse directamente a una persona.

---

19. La Aurora Dorada hizo un amplio uso de estas citas en su ceremonia de la atalaya. Como ejemplo, cuando se hacía circular el elemento tierra por el templo, se invocaba: «No bajes al misteriosamente espléndido mundo en el que reside de continuo una pérfida profundidad y Hades envuelto en la penumbra, deleitándose en imágenes ininteligibles, apresuradas, tortuosas; un abismo negro, siempre dando vueltas, siempre adhiriéndose a un cuerpo apagado, informe y vacío».

Polvos y tierra

Aparte del lavado de suelos y la limpieza con incienso, también es tradicional colocar polvos para influir en un lugar para bien o para mal. Los polvos pueden consistir en un solo material o pueden ser una combinación de hierbas, minerales e incluso materiales animales molidos y utilizados solos o mezclados con una base de polvo neutro como, por ejemplo, talco. Cuando esparzas polvos en una habitación, puedes hacer un círculo en el perímetro o dejar pequeños montoncitos en cada una de las cuatro regiones y uno en el centro. En algunos casos será mejor colocar los polvos en lugares estratégicos como, por ejemplo, puertas y ventanas.

El uso de polvos para obtener protección fue destacado en la película de 2005 *La llave del mal*, en la que el personaje interpretado por Kate Hudson utilizaba polvos de ladrillo rojo para mantener a sus enemigos fuera de su dormitorio. No apostaría por la capacidad de esos polvos para funcionar como lo hacían en la película, haciendo que los enemigos actuaran literalmente como si un muro invisible les impidiera la entrada, pero es una práctica tradicional y la gente del sur de Estados Unidos los utiliza para proteger su hogar.

Aunque a menudo se cree que la tierra de los cementerios se usa como un material para maldecir, también puede utilizarse para obtener protección y para muchos otros fines positivos. Todo depende de quién sea la persona de cuya tumba extraemos la tierra. Antiguamente, cuando era normal que la gente construyera sus propias casas y se las pasaran a los descendientes de la familia, no era poco frecuente que las personas usaran tierra de los cementerios, de la tumba de un miembro de la familia, para proteger la casa, especialmente si esa tierra se podía obtener de la tumba de la persona que había construido la vivienda, ya que tenía especial interés en proteger la propiedad por la que tanto había trabajado. Para recoger tierra de un cementerio, no puedes limitarte a extraerla de la tumba sin dar nada a cambio. Una ofrenda tradicional sería un poco de whisky o una moneda de diez centavos, y si conociste al miembro de la familia en vida, también podrías ofrecerle algo que le gustaba cuando estaba vivo. Toma la tierra y espolvorea un poco en las cuatro regiones de tu casa para ti y para mantener a distancia cualquier daño. Si no tienes acceso a la tumba de un familiar en el que puedas confiar, también puedes usar la tumba de un soldado. En todos los casos en los que uses tierra de un cementerio por el motivo que fuere, es bueno hacer una adivinación para ver si el espíritu está dispuesto a trabajar para ti.[20]

La cascarilla también es una valiosa herramienta de defensa. Se trata de una tiza blanca a base de cáscaras de huevo molidas, y suele venderse en pequeños conos de papel. Los huevos representan la sustancia de la vida misma, y en la santería la cascarilla tiene fama de ser una poderosa protectora. Puede usarse para dibujar símbolos protectores en las paredes o en el suelo, y también en el cuerpo. Siempre que sé que voy a estar en un entorno mágicamente hostil o que voy a manipular un objeto que alguien cree que está fijado o maldito, dibujo bandas alrededor de mis brazos con tres cruces en ellas. Además, marco el interior de mis zapatos con cruces de cascarilla.

Aparte de estos polvos de un solo ingrediente, existen polvos herbales de «condición» que son útiles en la magia defensiva, como el «No temas caminar sobre el mal» y el «Muro ardiente de protección», que se pueden comprar en cualquier buena tienda de esoterismo o de ocultismo. Éstas son algunas de las recetas que encuentro útiles:

Protección contra la brujería maliciosa[21]
Trébol
Hierba de san Juan
Eneldo
Verbena

---

20. Si recoges tierra de un cementerio, me gustaría sugerirte que lo hagas durante el día o, como mínimo, en un cementerio que esté abierto todo el día y toda la noche. No hay ninguna ley que impida dejar una moneda de diez céntimos y recoger un poco de tierra de una tumba, y generalmente la gente no se fija demasiado en lo que los demás están haciendo en un cementerio. No obstante, hay leyes que prohíben entrar y no hay ningún motivo que te obligue a recoger la tierra por la noche, especialmente por razones de protección.

21. Ésta es una combinación del famoso pareado «Trefoil, vervail, St. John's wort, dill /, hinder witches of their will» («Trébol, verbena, hierba de san Juan, eneldo, impedid que se haga la voluntad de las brujas»). El trébol puede ser sustituido por cualquier hoja trilátera.

Para establecer la paz en el hogar
Raíz de *Trillium*
Lavanda
Poleo menta

Polvos de protección general
Ajenjo
Sello de Salomón
Caulófilo

Cualquiera de estas fórmulas, u otras que tú inventes o investigues, pueden prepararse moliendo hierbas y mezclándolas con una base de polvo, como puede ser el talco. He incluido polvos bajo la inscripción de protección del hogar, pero también se pueden usar en una persona, del mismo modo que si se tratara de un polvo de talco.

Amuletos para el hogar

De la misma manera que hay amuletos que la persona puede llevar consigo o llevar puestos, también hay amuletos diseñados para imbuir un lugar de sus propiedades protectoras. Ya hablé del uso del hierro en el último capítulo y del empleo de verjas de hierro para mantener dentro o fuera a los espíritus. Otro uso del hierro como amuleto para el hogar es la omnipresente herradura. Existen muchas leyendas sobre la herradura, algunas de las cuales son opuestas. Por ejemplo, algunas personas creen que la herradura debe colgarse con las puntas hacia arriba porque, de lo contrario, la suerte se acabará. Otras creen que se debe colgar con las puntas hacia abajo, para que la suerte se vierta hacia uno mismo. Yo cuelgo la mía con las puntas hacia abajo y te invito a que confíes en tu intuición y en tu inclinación.

El origen de la herradura como amuleto se pierde en la antigüedad, pero hay quien cree que se originó como símbolo clandestino del culto a la diosa Lunar y, por lo tanto, está relacionada con los cultos de brujería clandestinos. También existe una leyenda que cuenta que el poder de la herradura proviene de san Dunstan, que fue herrero antes de convertirse en el arzobispo de Canterbury. Cuenta la historia que le pidieron que herrara al caballo del diablo y que, en su lugar, él le colocó una herradura a la pata del Diablo. Sólo consintió quitársela si el diablo prometía que nunca más molestaría a los hogares que tuvieran una herradura colgando como amuleto.

También hay amuletos de herradura de vidrio azul, que tienen ojos y que son una versión de los amuletos de *maloccio* de los que hablamos en el capítulo anterior. Estos amuletos no sólo se llevan puestos, sino que también se cuelgan en la casa o en el automóvil.

Los espejos son otra forma muy popular de ahuyentar el mal del hogar. Su uso está generalizado en China, donde se colocan espejos bagua, rodeados de los ocho trigramas, en las puertas y en las ventanas para repeler el mal. En Marruecos, no es raro encontrar grandes espejos con forma de manos *hamsa* o de ojos, los cuales ahuyentan el mal de la misma manera. Para usar espejos como protección de tu hogar, puedes comprar espejos redondos pequeños en tiendas de artesanía y colocarlos cerca de las puertas y las ventanas para invertir la energía negativa que te han enviado. Si deseas algo más complejo, podrías colocar el espejo en un pequeño disco de madera y ubicar alrededor de él símbolos de protección, como:

Figura 4.1 Signos de protección para espejos

Cuando coloques el espejo en su sitio, utiliza un encantamiento verbal como el siguiente:

Escudo de espejo, ahí donde estás colocado
ningún hechizo podrá pasar,
ningún mal se engendrará
Todos los demonios capturados en tu rostro
de este lugar se alejarán.
Por el nombre de la temible Hécate
y por mi voluntad, así será.

Según dicen, hay ciertas maderas que también protegen de los ataques ocultos. En algunas zonas de Inglaterra existe la costumbre de tener setos de espino y de endrino para mantener a distancia a los espíritus. La madera de espino también se usa tradicionalmente para hacer estacas para atravesar a los vampiros con ellas, y en Bosnia se coloca espino encima del ombligo para evitar que los cuerpos vuelvan a la vida.

También se rumorea que los tejos mantienen a raya a los muertos y, por ese motivo, se plantan en los cementerios. Otra costumbre muy extendida por toda Europa y que también existe entre los nativos norteamericanos es la de colgar ramas con espinas de prácticamente cualquier tipo encima de una puerta para mantener alejadas a las brujas. En Inglaterra, las cruces de serbal amarradas con hilo rojo son otro amuleto popular contra la brujería. Todas estas maderas protectoras pueden atarse al techo y a las vigas de una casa para fortalecer la estructura contra los ataques mágicos.

Otra clasificación de los amuletos del hogar es la de aquellos que se cree que ahuyentan a los espíritus demoníacos. El más conocido es, por supuesto, la gárgola o quimera, que puede verse en muchos edificios e iglesias en prácticamente todas las ciudades importantes. Las gárgolas se utilizan arquitectónicamente como una manera de dirigir el agua de lluvia pero, debido a su apariencia a menudo temible, se cree que son protectoras del edificio y de sus habitantes. En el Tíbet y en Nepal se suele ver encima de la puerta una imagen de metal o de madera de una garuda. La garuda es un ave mítica y temible que aleja a los problemas causados por los Nagas[22] malignos, y la garuda aparece más frecuentemente con una serpiente en la boca para simbolizar esto.

Figura 4.2 Amuleto de puerta con garuda

Otro amuleto de este tipo es la *Trapa bicornis*, que es la semilla de una planta china a la que a veces se denomina castaña de agua[23] y se asemeja un poco a un diablo con cuernos o a un murciélago. He visto a gente utilizar esta semilla para obtener protección en Nepal y también en Estados Unidos, donde se la conoce como «nuez del diablo» o «nuez de murciélago». Por lo general, se cuelga encima de la puerta para que pueda ahuyentar el mal, de la misma manera que lo hacen la garuda y la gárgola. Hablaré más de estos amuletos y de su uso como espíritus del hogar en el capítulo 6, que trata sobre los espíritus guardianes.

---

22. Con esto no quiero decir que los Nagas sean malignos por naturaleza. No lo son; de hecho, a menudo son propiciados y utilizados en la hechicería y el chamanismo del Himalaya. No obstante, algunos Nagas pueden causar problemas si se les hace enfadar; de ahí la función de la garuda.
23. No confundir con el *Eleocharis dulcis*, que es lo que se sirve normalmente en los restaurantes chinos como castaña de agua.

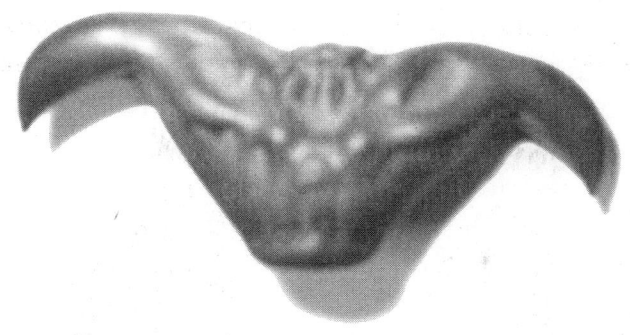

Figura 4.3 Nuez de murciélago

Señuelos

Algunos amuletos no están diseñados para mantener el mal a distancia, sino para actuar como señuelos que absorben el golpe en tu lugar. Uno de los más famosos amuletos de este tipo es la botella de bruja. Los arqueólogos han encontrado cientos de botellas de bruja entre Inglaterra y Alemania, y en los siglos XVII o XVIII no era raro que una familia tuviera una botella enterrada en algún lugar de su propiedad. Puedes hacer una botella de bruja con una botella de vidrio o de cerámica, a la cual debes añadir nueve agujas, nueve alfileres y nueve clavos. Si te parece apropiado, también puedes agregar otros objetos afilados, como anzuelos de pesca y cuchillas de afeitar, al igual que hierbas letales como belladona y cicuta. Por último, debes verter tu propia orina a la botella. La orina atrae al espíritu y al hechizo que te están buscando, y los objetos afilados los atrapan y los destruyen. Algunas personas incluyen también cabellos y trozos de uñas dentro de la botella, pero yo no lo recomiendo, ya que, si son hallados, pueden ser extraídos y utilizados como vínculos mágicos contra tu persona. Supongo que la orina también podría ser extraída y utilizada en tu contra, pero es difícil hacerlo cuando se evapora, por no mencionar lo desagradable que sería trabajar con ella si aún no se ha evaporado. Luego la botella se sella y entierra en algún lugar de tu propiedad, normalmente bajo el camino de entrada o los escalones de la puerta. Existe la antigua creencia de que si un brujo o una bruja que quiere hacerte daño camina sobre la botella, experimentará un gran dolor en el momento, e incluso puede llegar a morir.

Otra variante del señuelo mágico es un simple huevo. Para usar este hechizo deberías sostener un huevo duro (hervido) en la mano derecha y caminar en círculo por el perímetro de la casa tres veces, en el sentido de las agujas del reloj. Mientras lo haces, puedes usar el siguiente hechizo como conjuro:

Semilla de la vida, a ti te ruego
que ningún mal en tu presencia permanezca
en esta esfera, donde has sido arrojada.
Ningún caos o maleficio o situación adversa durarán. Que todos
los brujos, fantasmas y muertos
que me persiguen
se alejen de mí y vayan hacia ti.
Por el poder de Hécate, este encargo te doy:
proteger el hogar en el que vivimos.

Cuando el huevo haya dado la vuelta a tu hogar, puedes colocarlo en una caja y enterrarlo debajo del peldaño de tu puerta o emparedarlo en la casa. También puedes colocarlo en tu altar, donde no sólo servirá como señuelo, sino además como advertencia, ya que se dice que el huevo se romperá si absorbe un ataque.

Trampas

El último tipo de protección del hogar que consideraremos es la trampa para espíritus. Prácticamente todas las culturas tienen métodos para atrapar o enredar a los espíritus y los hechizos. En Nepal y en el Tíbet no es raro encontrar cruces de hilo que son creadas con este propósito. Se entretejen hilos de cinco colores y cada uno de ellos representa a uno de los cinco elementos. A continuación, se les otorga poder mediante *pujas* u ofrendas y se dedican a unas deidades guardianas tántricas específicas. Un proceso similar se utiliza para demarcar las fronteras con un círculo elaborado con estos cinco hilos.

Un hechizo muy popular es uno en el que hay que enterrar nueve ramitas de ruda cabruna, también conocida como «cordón de zapato del diablo» o «arbusto de maniota», en el camino de entrada a tu casa. Mientras lo haces, debes pronunciar un salmo o hechizo protector, o puedes susurrar un encantamiento breve a cada una de ellas, como, por ejemplo:

Torcido, enredado,
atado y amarrado,
encierra en el suelo
a todo mal.

Por lo general, se cree que los triángulos son una manera capaz de atrapar a los espíritus. Existen pruebas que demuestran que la forma de tres lados de las estacas de las tiendas de campaña modernas tiene su origen en las estacas sumerias que se utilizaban para sujetar a los espíritus. Esta tradición todavía sobrevive en el Tíbet y en la India como la famosa *phurba*, o clavo del rayo, que ha hecho su aparición en películas como *The Shadow* (1994) y *The Golden Child* (1986). En los rituales de la *phurba*, una efigie llamada *linga* es colocada en el centro de un triángulo dibujado en un papel o en el suelo. A veces se emplea una caja de hierro triangular. A continuación se llama a los espíritus creadores de obstáculos, o *dregs-pa*, mediante una serie de mantras y mudras,[24] y se les atrapa dentro del triángulo, donde se eliminan con la *phurba*.

Encontramos un uso similar del triángulo en la Goetia, donde los espíritus son llamados a entrar en un triángulo que está marcado con varios nombres sagrados, como el del arcángel Miguel. El triángulo se coloca fuera del círculo protector y los espíritus invocados son instados a aparecer dentro de él. Sólo podrán ser liberados cuando el mago esté preparado.[25]

---

24. Gestos con la mano.

25. Contrariamente a la creencia popular, la Goetia no exige que se utilice el triángulo con todos los espíritus que menciona, sino únicamente con los más rebeldes. Hay tres que son citados como los que requieren, específicamente, el uso del triángulo.

Figura 4.4 Trampa triangular para espíritus

En la portada de este libro aparece una trampa triangular para espíritus que se me apareció durante la serie de trabajos hecateanos que inspiraron muchos de los hechizos de este libro. Puedes grabar el sello con calor en una madera apropiada como, por ejemplo, el roble, o puedes dibujarlo con tinta de sangre de drago en un papel. Comoquiera se haga, el símbolo debería ser consagrado con el ritual que se describe a continuación:

En un día de Luna nueva, deberías dejar una ofrenda de comida a Hécate en el cruce de caminos más cercano a tu casa. Es mejor si se trata de un cruce de tres direcciones, pero si no logras encontrar uno, entonces utiliza uno de cuatro direcciones. Además, si no puedes esperar a la Luna nueva porque eres víctima de un ataque serio, debes actuar y hacer la ofrenda cuando tengas la mayor necesidad. Ésta debería estar compuesta de alimentos sagrados para Hécate, como salmonete, pan, huevos crudos, queso, ajo, bizcocho y miel. También puedes incluir hierbas como el acónito y la raíz de diente de león. (Por favor, ten presente que el acónito se considera un veneno mortal, y debería ser tratado con el cuidado y precaución que dicha sustancia requiere).

Invoca a Hécate desde el corazón:

Yo te saludo, madre de los dioses con muchos nombres, cuyos hijos son justos.

Yo te saludo, poderosa Hécate, señora del umbral.

Tú, que caminas desmelenada y salvaje entre las tumbas y los terrenos de cremación.

Cubierta de azafrán, coronada con hojas de roble y anillos de serpientes.

Tú, que eres seguida por hordas de fantasmas, perros y espíritus inquietos.

Acudo a ti en busca de ayuda.

Te llamo por tus nombres secretos:

Aktiophis, Ereshkigal, Nebotosoualeth.

Otórgale poder a este sello y hazlo poderoso

para que pueda embrujar a aquellos espíritus que hacen daño y traen problemas.

Que las Empusas queden atrapadas en él. Que las Lamias queden atrapadas en él. Que los Mormos queden atrapados en él. Que las Vrykolakas queden atrapadas en él.

Que los Apotropaioi queden atrapados en él. Que todo tipo de espectros, fantasmas y cacodemonios.[26]

Que sean atraídos hacia el interior de los triángulos

para que vivan para siempre dentro de los confines del sello.

Hécate, Señora del Umbral,

Acepta mi ofrenda y bendice este sello.

A continuación, puedes colocar el sello en cualquier punto de entrada a la casa, o en todos, en puertas o ventanas, o debajo del suelo. Déjate guiar por la intuición.

---

26. Los diversos nombres que aparecen aquí son nombres de espíritus dañinos específicos de la mitología griega. Las Empusas, las Lamias y los Mormos, por ejemplo, son espíritus que se alimentan de niños. El Vrykolakas es un vampiro. Los Apotropaioi son fantasmas y todo tipo de muertos intranquilos. *Cacodemonio* significa, literalmente, «espíritu maligno», y es un término que los incluye a todos.

Si encuentras que necesitas atraer a un espíritu específico hacia el interior del sello, puedes consagrar una versión bastante amplia y tomar un tallo de gordolobo que haya sido sumergido en aceite y colocarlo en el centro del sello, donde se tocan los dos triángulos interiores.

Enciende el tallo y elige las palabras y que sean adecuadas para la situación, llama al espíritu para que entre en el sello. Atrápalo en el nombre de Aktiophis, Ereshkigal y Nebotosoualeth.

Al disponer de estos métodos, no deberías tener problemas para hacer que tu casa sea resistente a prácticamente cualquier tipo de ataques mágicos. Ciertamente, la realización habitual de destierros, meditaciones y ofrendas es, en realidad, tu principal defensa. Estas prácticas, si se practican con regularidad en el hogar, llenarán el ambiente de poder, harán que consigas espíritus aliados y, en general, que la casa en sí le recuerde a la mente que estás a salvo para concentrarte y relajarte.

COMENTARIO DE LA NUEVA EDICIÓN

Una vez más, creo que todo se mantiene. Si tuviera que añadir algo, simplemente repetiría lo que dije sobre el último capítulo: asegúrate de limpiar y purificar tu espacio y protegerlo. Lo uno sin lo otro es una falta de visión.

La progresión en el libro de un capítulo a otro a través de métodos de escalada es intencionada. Empezamos con tus conocimientos básicos, luego progresamos hacia las prácticas que deberías hacer para fortalecerte en general. Luego pasamos a la protección y el tratamiento personales en el capítulo 3, y a la protección y el tratamiento del entorno en este capítulo. Hay un orden que debe reflejarse en la práctica.

Tanto si estás estableciendo una protección contra lo que temes que pueda ocurrir, como si estás abordando una situación en curso, quieres limpiar y proteger a tu persona, y luego limpiar y proteger el entorno de tu hogar. Aunque vayas todo el tiempo con amuletos y escudos, todo el mundo necesita un santuario donde quitarse todo eso y descansar. Eso es lo que pretende ofrecer este capítulo.

Capítulo V

Exorcismo

La necesidad de un exorcismo surge cuando la protección ha fallado o no se ha empleado, y las inteligencias hostiles tienen el control de la situación y están afectando de manera negativa a una persona o un lugar. Si los rituales de destierro y las bendiciones no han conseguido expulsar a la presencia, hay que hacer algo más. Un exorcista expulsa a la presencia en virtud de su autoridad espiritual. De hecho, la palabra *exorcismo* procede del término griego *exorkizein*, que significa «amarrar u ordenar solemnemente por juramento». Los juramentos a los que hace referencia son los que el exorcista ha prestado en presencia de los dioses y por cuyo poder puede dar órdenes a los espíritus.

En términos generales, el exorcismo es la solución para cualquiera de los siguientes problemas: la *posesión* o la *obsesión*.

En la *posesión,* una persona es infestada por un espíritu invasor. Los síntomas van desde que la víctima puede sentir simplemente que existe una presencia en su interior hasta un reemplazo absoluto de la personalidad del anfitrión, donde el espíritu se manifiesta a través del cuerpo y la voz de la persona afectada. La auténtica posesión es poco frecuente y difícil de tratar. La línea que separa lo psicológico de los problemas ocultos es muy borrosa en esta área, y a menudo se necesita una combinación de ambos tratamientos para conseguir una recuperación plena.

La *obsesión* es mucho más habitual y puede definirse como una presencia hostil persistente e intrusa que se da a conocer a través de varias formas de sugestión. La obsesión puede afectar a una persona o a un lugar, y los síntomas pueden oscilar desde la simple sensación de que existe una presencia maligna hasta las visiones y la paranoia, o los fenómenos físicos, como las personas que son empujadas escaleras abajo o los objetos que se mueven por sí solos. La queja más habitual en los casos de obsesión es, de lejos, que la persona siente un peso en el pecho cuando está en la cama por la noche, a veces seguido de una parálisis temporal.

Para ser claro, debo decir que los casos de obsesión no son simplemente apariciones de fantasmas. Lo que requiere un exorcismo no es meramente la presencia de un espíritu o fuerza neutral, sino un espíritu o fuerza que es hostil a los humanos y que está trabajando activamente en nuestro detrimento. Por muy extrañas y perturbadoras que puedan ser las apariciones de fantasmas para algunas personas, no se trata de ataques, y la mejor manera de enfrentarnos a ellas es con ofrendas, destierros, bendiciones y cosas por el estilo.

Un exorcismo, sea del tipo que sea, no debe tomarse a la ligera. Especialmente en los casos de posesión personal, es mejor ponerlos en manos de expertos. Bajo ninguna circunstancia se debe intentar el exorcismo de una persona poseída sin haber agotado antes todos los tratamientos psicológicos y médicos. Si hay que hacer un exorcismo, entonces se debería coordinar con personas que se dediquen a este campo. El hecho de que la mayoría de iglesias cristianas exige la aprobación escrita de un obispo y un gran número de pruebas para que se pueda realizar un exorcismo debería hacer que nos demos cuenta de la naturaleza tan seria de esta operación. Las iglesias y los individuos que se ofrecen a realizar exorcismos sin la preparación adecuada suelen provocar serios daños a las personas exorcizadas, y no hay que buscar muy lejos para encontrar noticias sobre abusos e incluso muertes que han tenido lugar durante algunos exorcismos. Puesto que, en ocasiones, las personas sometidas a un exorcismo reaccionan de manera violenta, la sesión se debería grabar y debería ser presenciada por varias personas. Todos los presentes deberían saber qué hacer en caso de emergencia. Es posible que sea necesaria la sedación o algunas restricciones, lo cual plantea, ciertamente, problemas legales. Algunas personas que realizan exorcismos han sido acusadas de ataques, e incluso de asesinato. La película de 2005 *El exorcismo de Emily Rose* se basa de una forma muy imprecisa en el caso de Anneliese Michel, que tuvo lugar en Alemania y saca a relucir algunos de los peligros inherentes a esta práctica.

Quiero enfatizar suficientemente estos puntos y espero que si a cualquiera que lea este libro se le acerca una persona pidiéndole un exorcismo afirmando que está poseída, tenga en cuenta estas advertencias. De hecho, si has oído hablar de esto por primera vez al leer este libro, entonces no deberías intentar realizar un exorcismo a una persona sin la orientación de alguien más experimentado en este campo.

Los casos de obsesión que afectan a personas o lugares son mucho más habituales que los de posesión, y es más probable que te enfrentes a tener que realizar un exorcismo de este tipo que a una auténtica posesión. Aunque los casos de obsesión no comparten todas las consideraciones que se deben tener en cuenta en los casos de posesión, aun así pueden ser situaciones peligrosas y no deberían tomarse a la ligera.

El exorcismo se realiza mediante una batalla de voluntades y, para poder ganar, debes estar conectado a algo que esté más allá de tus propias necesidades y deseos. Tu voluntad debe ser idéntica a la voluntad de los dioses. La voluntad de los dioses o del universo se está manifestando a través de ti y, para que el exorcismo sea un éxito, debes tener una fe absoluta en ello. Cuando hablas, tus palabras llevan el peso de esa voluntad y a través de esa fe puedes ordenar a una entidad que salga. No basta con *creer* que puedes canalizar esa voluntad, tienes que *saberlo*.

No deberías intentar un exorcismo tú solo. En una ocasión, cuando intentaba realizar el exorcismo de una casa, empecé a tener una fiebre muy alta y me desmayé. Un ayudante prácticamente me sacó en brazos al exterior de la casa, donde nos reorganizamos y volvimos a entrar. Al final tuvimos éxito, pero si hubiese estado solo, no sé lo que habría ocurrido. Deberías tener un plan de emergencia para todas las situaciones posibles. Una vez que se ha iniciado el exorcismo, éste debe continuar hasta que se alcance el éxito, incluso si ello implica repetir la ceremonia varias veces a lo largo del tiempo. Si se ha comenzado un exorcismo y luego se desecha por completo, la situación puede llegar a ser mucho peor que la inicial.

Después de pensarlo mucho, he optado por no incluir un ritual de exorcismo específico en este libro. En su lugar, ofreceré una descripción general de lo que se debería hacer. He decidido hacerlo así porque quiero dejar muy claro que no será el ritual el que haga el trabajo, sino la persona. Los ritos más complejos y antiguos, realizados con una precisión teatral, no funcionan en absoluto si las personas que los ejecutan no poseen un conocimiento de su verdadera voluntad y acceden a los poderes superiores. Alguien que tenga una fe inquebrantable en sí mismo como agente de los poderes superiores puede realizar un exorcismo muy eficaz haciendo poco más que decirle repetidamente al espíritu que se retire y que no vuelva nunca más. Cualquiera que esté preparado para practicar un exorcismo podrá encontrar o crear un ritual usando el siguiente marco como guía. Si no eres capaz de diseñar uno, entonces no estás preparado para realizarlo.

Cuando tu grupo haya sido convocado, deberíais reuniros en el lugar que tendrá que ser exorcizado o alrededor de la persona que debe ser exorcizada, y afirmar firmemente lo que se tiene que hacer: que os habéis reunido para que una presencia hostil salga y que lo haréis en nombre de los poderes superiores. El líder deberá preguntarle a cada persona si está preparada y, si todas responden afirmativamente, se puede seguir adelante. No debéis saltaros este paso. Incluso si todos han acordado con antelación que van a continuar, algunas personas pueden perder los nervios justo cuando están a punto de empezar. Es ahí, en presencia de la hostilidad, donde cada participante debe dedicarse a la labor que tiene delante. Si alguien se echa atrás en ese momento, nadie debería intentar convencerle de lo contrario. Si, después de que alguien haya respondido negativamente, resulta que no cuentas con las personas suficientes como para continuar, deberías abandonar el rito y volver a empezar cuando cuentes con más gente.

Depende de ti decidir exactamente con qué poderes superiores vas a trabajar. Lo mejor es tener una relación larga y establecida con las deidades o fuerzas en las que te estás apoyando. Muchas personas sugieren que esto debería hacerse dentro de la religión en la que uno ha nacido. Yo no iría tan lejos, pero diría que una iniciación formal o la consagración a una religión ayuda. Ese tipo de iniciaciones son en realidad escudos tangibles en el nivel espiritual y pueden resultar útiles en caso de que surjan dificultades y peligro durante un exorcismo. Si no posees ese tipo de iniciaciones, entonces al menos deberías tener una relación muy sólida con los poderes a los que estás invocando.

Aunque actualmente parece estar muy en boga, bajo ninguna circunstancia deberías consultar un diccionario de dioses y diosas y elegir a todos los que encuentres de diferentes panteones que encajen con tu exorcismo. Lo que funciona es la *calidad*, no la *cantidad*, e invocar a la vez a Marte, a Marduk, a Miguel, a Oggun, a Horus y a Thor, no te será tan útil como invocar únicamente a una deidad, o al menos a un panteón con el que tengas una relación sólida.

Cualquiera que sea el poder en el que te estás apoyando, ya sea una deidad, un santo, una santa, o un buda, todos los presentes deberían rezarle fervientemente a ese poder para que se dé a conocer. El consejo de Israel Regardie de «enciéndete con la oración» es lo que deberíais intentar hacer. Una vez que se ha invocado la presencia de una forma general, deberías pedirle a ese poder que te conceda fuerza y bendiciones. Todos deberíais sentir que ahora sois dignos merecedores del poder que representáis. Debéis tener una fe absoluta en esto.

A veces ayuda invocar especialmente a los espíritus o las formas de poder marciales con los que estás trabajando. Como ejemplo, en el contexto judeocristiano, después de invocar a Dios sería apropiado invocar al arcángel Miguel o a san Jorge. En el contexto budista, después de invocar a los gurús y los budas, un iracundo *yidam* como Vajrakilaya o Hayagriva debería ser invocado. Una *strega* que está invocando a Diana podría entonces invocar la presencia Aradia o incluso a una diosa más iracunda con la que Diana está relacionada, como es Artemisa. Ahora podemos dirigirnos en general a todo el mal y todo lo maligno. No te concentres todavía en la fuerza maléfica específica; antes bien, ordena a todo mal y todo lo maligno que abandone a la persona o el lugar que está siendo exorcizado. Hazlo varias veces en el nombre del poder que has invocado. Durante un exorcismo no es el momento para preocuparse por ser políticamente correcto, de modo que no tengas miedo de usar palabras como mal, sucio y demonio. Ese tipo de términos ayudan a que tu poder aumente hasta llegar a un estado de agitación extrema, y claramente define que el tiempo para negociar y hacer las paces ha terminado; el objetivo del exorcismo es la destrucción o la retirada de la entidad hostil, nada más.

Ahora es el momento de dirigirnos a la entidad problemática por su nombre. Empieza simplemente preguntando por qué nombre la puedes llamar. Exige saberlo. Ordénale que te lo diga. En los casos de posesión, es posible (aunque no es una garantía) que la entidad hable a través de la persona poseída y que puedas conversar con el intruso como lo harías con la persona que tienes delante. En los casos de obsesión, la persona obsesionada podría oír el nombre que se ha pronunciado. También es posible que tú o una persona sensible de tu grupo oigáis el nombre pronunciado en el aire o en su cabeza. *No deberías intentar adivinar el nombre de la entidad usando una* güija *o un instrumento similar.* Este tipo de herramientas hace que los espíritus se establezcan más firmemente en el plano material, y están pensadas tan sólo para tener una comunicación amistosa, algo de lo cual estás muy lejos si estás realizando un exorcismo.

No dediques demasiado tiempo a intentar conseguir el nombre de la entidad, haz que la ceremonia siga avanzando en la ofensiva. Si no logras percibir el nombre de la entidad, deberías ponerle uno. Esto puede hacerse en ese momento o con antelación. El nombre elegido importa poco y deberías confiar en tu propia inspiración cuando lo busques. La idea de asignar un nombre hace que la entidad entre en la esfera humana, lo cual hace que resulte más fácil confrontarla. Puedes decir algo parecido a:

Puesto que no quieres decir tu nombre de una forma que podamos entenderlo, yo mismo te asignaré uno. Por el poder de _____, te pongo el nombre de _____ . Tú eres _____.

Una vez que el transgresor ha recibido un nombre, deberías dirigirte directamente a él por ese nombre. Ordénale de manera solemne, en nombre de tus dioses, que se retire. Sé firme en el conocimiento de que tienes la autoridad para hacerlo. Podrían aparecer dudas en tu mente. Ésta es la entidad que está batallando en tu propia psique. Debes saber que las leyes de la luz y la vida están de tu lado. Ésta es la única manera de ganar.

A veces se siente una repentina liviandad en el aire y estaréis todos de acuerdo en que la entidad ha sido exorcizada. En ocasiones, especialmente con las presencias más débiles, es difícil de saber. Una buena manera de concluir el punto culminante es escribir el nombre de la entidad en un trozo de papel y colocarlo dentro de un triángulo. El triángulo puede ser simple o puede ser un sello como el utilizado en la Goetia o en la trampa hecateana que presenté en el capítulo anterior. Uses lo que uses, el triángulo no debería ser de papel, pues tendrá que resistir a la quema del papel con el nombre.

Ordena solemnemente al espíritu que se retire en el nombre del Fuego y enciende el papel con el nombre. Ordena al espíritu que se retire en el nombre del agua y purifica lo que quede. Ordena solemnemente al espíritu que se reitre en el nombre de la Tierra y arroja sal a las cenizas. Ordena al espíritu que se retire en el nombre del aire y sopla sobre los restos con tu aliento. Traza una cruz equilátera en el aire y ordena al espíritu que se retire en nombre de los dioses y de los poderes invocados durante el ritual. Declara que el espíritu ha sido exorcizado, expulsado y desterrado hasta el punto de que ni siquiera su nombre existe. Barre las cenizas del papel con el nombre y sácalas fuera del edificio inmediatamente. Después puedes lanzarlas a un río, esparcirlas en el viento o enterrarlas en un cruce de caminos.

Tanto si finalizas con la quema del papel que contiene el nombre como si no lo haces así, al final del rito deberías dar las gracias a los poderes que han sido invocados y dedicar unos minutos a alabarlos.

Haz un destierro inmediatamente en la habitación y coloca elementos y amuletos protectores como los mencionados en los capítulos anteriores, tanto en el edificio en el que se realizó el exorcismo como en las víctimas. Es una buena idea que todos se den baños protectores y purificantes durante unos días después del exorcismo y que frieguen los suelos de las estancias que se han utilizado.

Tradicionalmente, se usa incienso durante el exorcismo. Deberías sentirte libre para emplear una de las recetas del capítulo 5 o cualquier incienso de aroma intenso que te guste. Evita las hierbas como el orégano de Creta y el gordolobo, que ese utilizan como inciensos para la materialización.

Durante varias semanas, se debería hacer un seguimiento de la persona o el lugar que fue objeto del exorcismo y se debería anotar cualquier cosa extraña que ocurra o cualquier reincidencia de los síntomas. En algunas ocasiones, un exorcismo se tiene que realizar más de una vez, y es posible que haya que repetir el proceso tres veces o más. Recomiendo encarecidamente que el ritual se grabe en vídeo, o al menos en audio, y me gustaría volver a reiterar mi consejo de que los casos en los que la persona esté poseída deberían tratarse con sumo cuidado. Deberían ser tratados por un experto y en cooperación con profesionales de la medicina y de la salud mental.

COMENTARIO DE LA NUEVA EDICIÓN

Exorcismo procede de la palabra griega *orkizo,* que significa «atar con juramento». En el ritual de la esfera de Hekas, en el capítulo 2, utilizamos la palabra *orkizo* para invocar a los guardianes. La gente tiende a pensar que la evocación, la invocación de espíritus para que aparezcan ante ti, y el exorcismo, la expulsión forzada de espíritus de una persona o lugar, son opuestos, pero no es así. Se realizan mediante el mismo proceso: atar al espíritu mediante un juramento.

Para hacer esto necesitas poseer la autoridad espiritual para ordenar a un espíritu. Puede tratarse de una autoridad conferida a través de la iniciación o la consagración, puede lograrse a través de fuertes aliados o de la resonancia con un poder que puedas invocar, o raramente puede ganarse a través de tu propio trabajo y transformación espiritual. Al fin y al cabo, eres un espíritu.

Algunos intentan invocar esta autoridad de manera ritual justo antes de una operación, y esto puede funcionar, pero no es lo ideal. Si estás entrando en una confrontación con un espíritu, deberías tener algo más sólido detrás de ti que una invocación ritual declarándote Moisés o visualizándote en una forma-dios por primera vez.

Algunos lectores se sintieron confundidos por mi decisión de no incluir un guion de exorcismo en este capítulo. Después de todo, al final de este libro enseño ataduras, hechizos de confusión y ritos de expulsión que algunos clasificarían como maldiciones, así que ¿por qué soy tímido a la hora de fomentar los exorcismos?

No me preocupa que te hagas daño a ti mismo o a alguien con quien te enfrentes. Me preocupa que la gente tome este libro o libros como éste e intente exorcizar a pacientes y clientes y empeore las cosas. Mucha gente ha muerto o ha resultado gravemente herida durante «exorcismos» que han sido llevados a cabo por personas mal preparadas o malintencionadas sobre clientes que se encuentran en su momento más vulnerable. No quiero ser demasiado negativo, pero los lectores y estudiantes que más me han presionado para que les haga exorcismos son a menudo aquellos en los que menos confiaría para realizar uno. Demasiada gente está demasiado ansiosa por colgar un cartel y hacer realidad sus fantasías de combatir el mal con magia.

Aun así, quizá sea un fallo del libro no proporcionar un ejemplo a partir del cual trabajar, así que ahora hay un exorcismo de Hécate en los apéndices que puedes utilizar tal y como está escrito o como base para tus propios exorcismos más largos.

Sé consciente de esto: el exorcismo es una confrontación. Siempre hay resistencia. Si todo lo que has conocido de la magia es el lanzamiento de hechizos que funcionan o no funcionan, o las oraciones que asumes que llegan a un dios o diosa que es más que capaz de manejar cualquier cosa, puedes sorprenderte de lo mucho que un espíritu es capaz de resistir. Puedes ir con todos tus rituales pensando que tienes un plan sólido de cómo va a salir, pero eso normalmente se va por la ventana tan pronto como las cosas resultan reales. Ya que deshacerse de un espíritu a través del exorcismo es una lucha, quizás sea mejor cerrar estas notas con una cita de Mike Tyson: «Todo el mundo tiene un plan hasta que le dan un puñetazo en la boca».

Capítulo VI

Espíritus guardianes y servidores

A lo largo del libro hemos hablado de los espíritus como fuente de un ataque potencial y también de su empleo en las estrategias de defensa. Antes de continuar, me gustaría dedicar unos minutos a hablar de la naturaleza de los espíritus y de la magia en general. Puesto que gran parte de aquello a lo que se enfrentan los magos y las brujas es invisible para el ojo inexperto, muchas personas se sienten atraídas e intentan encontrar explicaciones psicológicas a los aspectos tradicionales de la magia. Desde ese punto de vista, los hechizos no están destinados a realizar cambios en el mundo exterior, sino más bien a la «adquisición de poder personal». Los espíritus no se ven como inteligencias incorpóreas, sino como aspectos o proyecciones de la mente.

En su artículo «Is Wicca Under a Spell?»,[27] Carl McColman cita al sociólogo australiano Douglas Ezzy acerca del efecto de los hechizos en sí mismos:

Los libros de hechizos animan a las personas a tomar el control de sus vidas a través de la autoexploración y la autoafirmación. Ade-

---

27. Carl McColman, «Is Wicca Under a Spell?», www.beliefnet.com, 2005.

más, realizar hechizos mágicos funciona como una manera de re-descubrir los aspectos encantados y misteriosos de la vida.

A continuación, McColman lo interpreta con estas palabras:

En otras palabras, los hechizos son algo más que meras recetas má-gicas para conseguir lo que uno quiere; son rituales en miniatura diseñados para fomentar una sensación de misterio y maravilla (lo que Ezzy llama «encantamiento») en la vida cotidiana y para evo-car un sentido positivo del poder y la esperanza en la vida de la persona que realiza el hechizo. Incluso si lanzar un hechizo no te hace rico ni te hace conseguir el amor, podría darte la esperanza de que esas bendiciones son realmente posibles en tu vida.

Así pues, es posible que un hechizo para ayudarte a conseguir un trabajo refuerce tu seguridad en ti mismo pero no afecte directamente a la mente del entrevistador o al proceso de contratación. Lo que se afirma es que la magia te proporciona misterio, maravilla y autoafir-mación, y la esperanza de que puedes obtener el objetivo del hechizo. Todo esto es maravilloso y, ciertamente, la magia puede proporcionar todas esas cosas, pero está claro que, a lo largo de la historia, los magos y las brujas han esperado de sus hechizos algo más que un ritual catár-tico, ¡y yo estoy con ellos![28]

Los espíritus también son vistos por muchos magos respetados de la actualidad como poco más que proyecciones psicológicas. Incluso los espíritus de los antiguos grimorios como la *Goetia,* el libro más an-tiguo del *Lemegetón,*[29] reciben este tratamiento por parte de algunos escritores modernos. Lon Milo DuQuette, en su ensayo «Demons are our Friends», afirma: «Nos guste o no, todos venimos con una serie completa (doce paquetes de seis) de demonios goéticos».

---

28. Las personas interesadas en una respuesta completa a esta actitud deberían leer mi artícu-lo «Spell Casting: The Witches' Craft», que aparece en www.witchvox.com.
29. También conocido como la Clave Menor de Salomón.

Con esta actitud, está siguiendo ni más ni menos que el ejemplo de una autoridad como es el propio Aleister Crowley, quien escribió en su traducción del *Libro de la Goetia del Rey Salomón:* «Los espíritus de la Goetia son porciones del cerebro humano».

Aunque respeto muchísimo los escritos de estos dos magos, debo decir que no estoy de acuerdo con esto. Según mi experiencia, aunque ciertos espíritus parecen ser capaces de acoplarse con nuestro cerebro y hablarnos a través de él, no están limitados por ello y pueden actuar de maneras que están *muy* alejadas del hecho de ser porciones del cerebro humano. Pero del mismo modo que la percepción de la persona corriente está limitada por su escepticismo respecto a los espíritus y la magia, también la percepción de muchos magos y brujas está limitada por sus puntos de vista orientados a la psicología.

A veces, estos puntos de vista continúan estando presentes en la invocación misma. En una ocasión, cuando estaba planeando una evocación goética del espíritu Vassago en el Thelesis Camp en Filadelfia,[30] en la que yo debía ser el mago evocador y una hermana del grupo debía ser la que realizara la videncia, un miembro se mostró muy preocupado por «de quién era el Vassago» al que estábamos llamando a entrar en el triángulo: mío o de la vidente. Cuando le expliqué que estábamos enfocando el asunto de la forma tradicional y que el Vassago era el Vassago y no simplemente una parte de la psique de alguien que era lanzada al espejo en el que se realizaba la lectura, se mostró seriamente preocupado por mi cordura. Este tipo de formas de pensar limita seriamente a la ceremonia en sí misma y es muy probable que la reduzcan al acontecimiento puramente psicológico que la gente está esperando. Veas lo que veas en los espíritus, está claro que los viejos grimorios fueron escritos para que los rituales se realizaran *como si* el espíritu fuera una inteligencia independiente, incorpórea, y no una mera parte de tu cerebro. Incluso si crees que el espíritu es una parte de tu psique y la ceremonia funciona a través de tus propias creencias, se deduce que si tratas al espíritu como a una entidad independiente a la que estás invocando, podrás emocionarte mucho más con el proceso

---

30. La delegación de la Ordo Templis Orientis de Filadelfia.

que si lo ves como una especie de truco psicológico y, por lo tanto, tendrás un éxito mucho mayor, con independencia de cual sea la verdadera naturaleza del espíritu.

En mi práctica, la experiencia me ha llevado a tener una visión más tradicional de los espíritus: ahí donde hay espacio, hay conciencia, y esta conciencia se manifiesta como unos tipos de seres diversos que poseen diferentes naturalezas y poderes. Algunos están localizados, otros no; algunos pueden hablarte usando la información de tu mente para expresarse y otros pueden hablarte tan claramente como si fueran una persona que se encuentra delante de ti. Algunos tienen influencia sobre el mundo material, otros no la tienen. Cualesquiera que sean tus puntos de vista y creencias personales sobre el tema, te animo a tratarlos en el ritual de acuerdo con este enfoque tradicional, ya que la experiencia me ha demostrado que eso es lo que da mejores resultados. Además, como me dijo en una ocasión Cliff Pollick, uno de mis mentores en la magia: «No hay nada comparable a ser mordido en el trasero por algo en lo que uno no cree del todo». Si eso ocurre, y cuando eso ocurra, es posible que descubras que necesitas este libro más de lo que tú creías.

Espíritus guardianes

Del mismo modo que a veces los espíritus pueden hacer daño, también pueden defenderte de él. La práctica de invocar a dioses y espíritus para pedirles ayuda es habitual en todas las religiones, y no es necesario tener una formación en brujería para poder rezar pidiendo ayuda. Aunque la plegaria general a veces puede ser eficaz, extraordinariamente, en algunos casos, el hechicero querrá emplear algunos métodos de defensa más seguros que tan sólo dejar la situación en manos de los dioses. Así pues, nuestra intención es desarrollar una relación con diversos espíritus guardianes y aprender los métodos mediante los cuales se les llama y se les convence de que nos ayuden.

En la mayoría de cosmovisiones mágicas hay deidades sumamente poderosas, o incluso omnipotentes, que son objeto de veneración o de culto. Estos seres suelen ser vistos como alguien que está un tanto apartado del mundo físico y que, por ende, no está en contacto con lo que ocurre en la vida cotidiana. Debido a esta distancia entre los dioses y el hombre, hay grupos de espíritus a los que normalmente se les pide ayuda con los problemas materiales, pues se cree que es más probable que ellos intercedan en nuestros asuntos que los dioses elevados. En el capítulo anterior hemos hablado de los usos defensivos de los espíritus de humanos que han fallecido mediante la utilización de tierra de sus cementerios, pero hay otros tipos de espíritus que pueden ser empleados por el mago sabio.

En el Tíbet, por ejemplo, hay unos seres que se conocen como *dharmapalas*, la mayoría de los cuales eran espíritus del Tíbet que recibieron sacrificios de sangre antes de que el budismo llegara a la tierra de las nieves en el siglo XVIII. Puesto que sabían que los budistas estaban en contra del sacrificio de animales, causaron muchos problemas al rey del Tíbet, que estaba intentando construir un monasterio y establecer el budismo. En consecuencia, se mandó llamar al mago Padmasambhava para que viajara por el Tíbet y amansara a estos espíritus. Puesto que estaban muy conectados al plano material, él los presionó para que sirvieran como espíritus guardianes y les prometió que se les ofrecería *tormas* («tartas»), las cuales reemplazarían a los sacrificios de sangre a los que estaban habituados. Hasta el día de hoy, los budistas tibetanos ofrecen tartas con la forma y el color de cabezas ensangrentadas y cosas por el estilo para apaciguar a estos *dharmapalas*.[31]

En el catolicismo y en la magia influida por él, al igual que en cierto tipo de vudú, tenemos ángeles y santos que intercedan, y que son considerados más eficaces que llamar al propio Dios, porque, al igual de los *dharmapalas*, están más conectados con el plano material y la experiencia humana. En el vudú, los *loa* cumplen la misma función, y la mayoría de ellos son antepasados humanos que han sido elevados a un nivel más alto y ahora sirven a la comunidad. Se sabe que las brujas

---

31. Ciertamente, no todos los *dharmapalas* tuvieron que ser presionados para que prestaran un servicio. Algunos de ellos ofrecieron sus servicios al *dharma* y, por ende, se les consideraba especialmente benevolentes. Uno de esos espíritus es Dorje Lekpa, cuyo nombre significa, literalmente, el «buen tipo del rayo».

europeas han invocado a todo tipo de espíritus para pedirles ayuda, y que tienen una larga historia de relación con espíritus como los *fey* y los *sidhe*. Los grimorios medievales de magia ceremonial, que se escribieron principalmente para ser utilizados por el clero cristiano, están llenos de catálogos de espíritus que eran conocidos por ser rápidos y poderosos satisfaciendo las peticiones de los magos que los invocaban.

Puesto que estos espíritus no están tan alejados de la condición humana como las elevadas deidades, tampoco están tan iluminados y, por ende, a veces puede ser peligroso trabajar con ellos. Por ese motivo se les debe tratar con mano firme. En el caso del Tíbet, aunque los *dharmapalas* han hecho una promesa, hay otras comitivas de espíritus que se sirven unos a otros, algunos de los cuales son considerados *dregpa*, lo cual significa que son arrogantes y se ofenden con facilidad. Debido a esto, siempre que los *dharmapalas* son evocados en un ritual, la persona que lo hace adopta la forma-dios de un poderoso e iluminado dios budista llamado un *yidam*. Normalmente, este *yidam* es, en sí mismo, bastante terrorífico en cuanto a aspecto y, por lo tanto, es amenazador para los espíritus inferiores.

En los grimorios, vemos tácticas similares utilizadas para amarrar a los demonios que a veces pueden ponerse revoltosos. En este caso, los diversos nombres de Dios son invocados y el demonio, que a menudo es secretamente una deidad pagana disfrazada, es obligado a aparecer en una forma amable y comportarse educadamente.

A menudo, estas prácticas de magia y estos amarres son realizados en un orden cada vez más horrible y amenazador. La *Goetia* va incluso tan lejos que sugiere introducir el sello del espíritu dentro de una caja y quemarlo si el espíritu se niega a aparecer.

Cualquiera sea la tradición de la que procede, por lo general los espíritus son llamados a través de algún símbolo o sonido que está relacionado con ellos. En Oriente, lo más frecuente es que se le asigne un mantra a un guardián y la persona que quiera invocar la protección de un determinado espíritu pueda meditar sobre el mantra del espíritu repetidamente. No sería raro recitar un mantra diez mil veces, o más, para solicitar la ayuda de un *dharmapala*.

En Occidente, se suele conectar más con los espíritus a través de sus sellos que a través de mantras, aunque el nombre del espíritu es también un vínculo poderoso. La palabra *sello* procede del latín *sigillum* y puede traducirse como «símbolo» o «signatura». El sello de un espíritu no es, sin embargo, sólo su signatura, sino que también se incluyen su número de teléfono y su dirección. En algunos casos, el sello de un espíritu es sinónimo del propio espíritu y, por ende, la presencia del espíritu existe dondequiera que esté presente el sello.

Los métodos para obtener sellos para los espíritus varían mucho. En algunos casos, el sello es una combinación de letras (a menudo, las del nombre del espíritu) unidas de manera tal que las letras individuales están todas presentes pero no son evidentes inmediatamente. En algunos casos se puede trazar un nombre de un espíritu en una lápida, como el *lamen* de la Rosacruz y el *Kameas* planetario de Agripa. En el último caso, a los números de los cuadrados mágicos que forman el *Kameas* se les asignan letras según el hebreo, y el sello es trazado usando un círculo para marcar su inicio y una línea para marcar su final.

Algunos sellos son más pictográficos, como los *veves* del vudú haitiano. Por ejemplo, el *veve* de Papa Legba contiene una encrucijada y una caña, el de Erzulie es un corazón y el *veve* de Gran Bwa parece una persona-árbol. Cada uno de esos *veves* contiene algo de la naturaleza e iconografía de ese *loa* en particular, ejecutado en un estilo artístico con influencias de los trabajos de forja franceses. Algunos de los sellos de la Clavícula mayor del Rey Salomón y la Gallina Negra están también muy orientados a la imagen, e incluso pueden tener en su interior unas imágenes muy rotundas de anillos y personas.

También hay casos en los que un sello es revelado directamente por un espíritu o dios. Los sellos más poderosos son aquellos que son recibidos con claridad, sin demasiada intrusión de la mente consciente del receptor, en especial si te han revelado a ti el sello. La escritura automática, la videncia en un cristal y la hechicería onírica son las modalidades más corrientes para obtener estos sellos de los espíritus, y puedes emplearlas en la medida en que tu talento lo permita.

Hay una serie de maneras distintas en que se puede hacer trabajar el sello de un espíritu. A veces se lleva como talismán o se coloca en el hogar y se pronuncia el nombre del espíritu y cualquier oración o conjuros asociados a él que sean tradicionales, mientras se contempla el sello. Otros métodos incluyen hacer ofrendas al sello, como sería el caso de los *veves* mencionados anteriormente.

Mientras escribo estas líneas, tengo delante una vela que tiene el *veve* de Papa Legba pintado en rojo. Antes de empezar a escribir hoy, coloqué un vaso de ron delante de la vela y llamé a Papa con una de sus canciones y luego le pedí que eliminara los obstáculos que aparecen a menudo durante el día y me impiden escribir. A cambio de su servicio, le ofreceré un coco y más tarde un poco más de ron, además de hacer esta mención en el libro para aumentar su renombre.

Si decides invocar a un espíritu tradicional de un sistema de magia establecido, deberías esforzarte por seguir razonablemente los protocolos de dicho sistema. Esto es en particular importante cuando te acercas a espíritus de tradiciones que todavía tienen un culto muy activo y tradicional que no ha tenido que ser reconstruido, como el vudú, la santería, el budismo y el chamanismo. *No* des por sentado que los espíritus cooperarán y serán comprensivos si te acercas a ellos de la forma equivocada. Si el espíritu requiere ofrendas, asegúrate de que sean coherentes con su naturaleza. Si la tradición exige que seas iniciado en cierto nivel antes de acercarte a ese espíritu, te recomiendo encarecidamente que te sometas a dicha iniciación antes de pedir ayuda. Como mínimo, deberías consultar a alguien que haya formado parte de esa tradición o que haya tratado con ese espíritu antes. El eclecticismo está muy bien, pero debe hacerse con inteligencia y con respeto.

Como ejemplo de lo mal que pueden ir este tipo de cosas, contaré que un conocido mío, un brujo de Nueva York, decidió invocar la ayuda de los *orishas* después de leer uno o dos libros de santería. No sabía mucho sobre la estructura del ritual de santería, de modo que usó un formato similar al de la magia ceremonial e invocó a los *orishas* a que vinieran a las cuatro regiones de acuerdo con sus atribuciones elementales. En el oeste invocó a Yemaya, pues es la diosa del océano y el oeste está asociado al elemento agua. En el norte invocó a Oya, que está asociada a las montañas, al rayo y también a la tumba, lo cual parecía encajar perfectamente con el rincón vinculado al elemento tierra. El problema es que, en las tradiciones *yorúbicas*, estas dos diosas se odian porque Yemaya engañó a Oya, convenciéndola de que cambiara el dominio del mar por el dominio de la tumba. ¡La mayoría de tiendas de santería ni siquiera ponen sus velas en el mismo estante! Esta persona imprudente empezó a ver señales de fuertes circunstancias adversas que se le presentaron casi inmediatamente. Acabó perdiendo su trabajo y padeció varios problemas de salud, hasta que por último consiguió a un santero con formación que intervino en su favor.

Este tipo de problema no sólo existe en la magia proveniente de África. Me enteré de un problema similar que fue provocado por una estadounidense que fue iniciada en la práctica de dos *dharmapalas* que estaban en conflicto: Dorje Shugden y Ekajati. Ekajati es un *nyingma*[32] *dharmapala* y Shugden pertenece a una pequeña secta dentro de la escuela Gelugpa. Este espíritu Dorje Shugden es tan sectario que el Dalai Lama ha pedido a todos los miembros de la escuela Gelupa que dejen de propiciarlo. Por desgracia, es conocido por ser muy rápido para actuar en los asuntos materiales, de modo que algunas sectas todavía ofrecen su iniciación. La estadounidense en cuestión tuvo que someterse a un largo proceso para liberarse de la influencia de Shugden, un espíritu que ella no tenía ni idea de que fuera hostil a las otras escuelas.

Si decides no trabajar con un espíritu de una tradición establecida, hay muchas maneras de contactar con espíritus por ti mismo, de los cuales luego puedes obtener sus nombres y sus sellos. Si eres diligente con tus rituales de ofrenda, como los que se proporcionan en el capítulo 2, es posible que percibas a ciertas presencias en el ambiente. Puedes intentar ponerte en contacto con esos seres y preguntarles si están dispuestos a trabajar para ti como espíritus protectores. Cómo lo hagas exactamente dependerá en gran medida de tus propios talentos y la capacidad del espíritu implicado. Algunas personas podrán establecer contacto directo psíquicamente, otras necesitarán apoyarse en la adivinación para obtener las respuestas. A veces, una pregunta formulada durante el día será respondida en un sueño o cuando estés entre dormido y despierto y, por ende, estés más sensible a las influencias de lo invisible. Los estados de trance también pueden inducirse mediante la

---

32. Las cuatro escuelas del budismo tibetano (Nyingma, Kagyu, Sakya y Gelupa) no siempre se llevan bien.

respiración excesiva, la meditación, la autohipnosis, sustancias químicas o cualquier combinación de estas cosas.

Ciertas personas, especialmente los magos ceremoniales, te recomendarían encarecidamente no entrar en contacto con cualquier espíritu que aparezca en tus ofrendas o que esté flotando en el ambiente, por considerar que eso es «espiritualismo ignorante». Su argumento es que los espíritus de los grimorios han sido invocados con éxito durante muchos años y sus naturalezas ya son conocidas, mientras que cualquier cosa que esté al acecho a la vuelta de la esquina podría ser peligrosa y, como mínimo, no se debería confiar en ella.

Aunque respeto el hecho de que muchas personas piensen así, creo que el argumento no tiene mucha validez, por un motivo: muchos de los espíritus que aparecen en los grimorios que a los magos les gusta usar tienen naturalezas que no son nada amistosas y no están dispuestos a servir. Si vas a ir tan lejos como para quemar un sello y torturar ostensiblemente a un espíritu que aparece en un grimorio porque se niega a aparecer, ¿cuánto menos cooperador sería un espíritu local? En cuanto a la confianza, aunque estoy de acuerdo en que es peligroso confiar de manera ciega en los espíritus locales, creo que es peligroso confiar ciegamente *en cualquiera*. Hay muchos espíritus en los grimorios que son taimados por naturaleza. La *Goetia* advierte, por ejemplo, de que el espíritu Berith es un espíritu en el que no hay que confiar por muchos amarres que coloques en él. ¿Cuánto peor te podría ir si actúas por tu cuenta, hablando a lo que aparezca en tus ofrendas o en tus lugares de poder locales?

El último agujero en este argumento es que esos grimorios y espíritus fueron contactados por otra persona antes. Alguien adivinó el nombre y el sello y luego escribió el grimorio. Eso no es muy distinto de trabajar con varios espíritus desconocidos. Limitarse a usar únicamente aquellos espíritus que aparecen en los grimorios o que son conocidos en las tradiciones es un poco como limitarte a relacionarte tan sólo con las personas que aparecen en una guía de «Quien es Quien» y que sean tus únicos amigos. No harías eso, ¿verdad?

Otra manera de contactar con un espíritu protector es rezando y pidiendo que los dioses te envíen uno. Ciertos espíritus y ángeles también pueden ponerte en contacto con espíritus conocidos entre las legiones que ellos gobiernan. La antes mencionada Goetia, por ejemplo, promete que muchos espíritus, como Marax, Malphas, Sabnock, Shax y Alloces, «*dan buenos espíritus*» cuando se les pide que lo hagan. Los espíritus invocados en el ritual de destierro del segundo capítulo (Abaek, Pyrhum, Ermiti y Dimgali) me fueron revelados directamente al pedirle a Hécate que me enviara espíritus protectores. Hay sellos y otros rituales para cada uno de ellos, pero eso tendrá que esperar a un libro futuro. Entretanto, pueden ser visualizados y llamados individualmente o como grupo, según la fórmula que se ofrezca en el ritual de destierro.

En el capítulo sobre la protección del hogar, hablé un poco de los amuletos que representan una presencia feroz para ahuyentar a los espíritus, como los amuletos de garuda de Nepal y el Tíbet para las puertas, la nuez de murciélago del vudú norteamericano y las gárgolas europeas. Cada uno de estos elementos tiene la apariencia de algún tipo de ser iracundo que se dedica a proteger el lugar en el que son colocados. Como ocurre con muchos amuletos, su potencia mágica deriva de su apariencia, y se cree que su forma, por sí sola, basta para hacer que sean efectivos. Pueden ser utilizados tal como son, o pueden ser despertados mediante una plegaria y un hechizo energizados, pero en general no se cree que sean un espíritu en sí mismos. No obstante, hay ritos en los que un espíritu puede ser llamado a entrar en un objeto, el cual puede ser colocado como un guardián de un hogar o incluso la persona lo puede llevar puesto.

La idea de que los espíritus pueden habitar en objetos físicos es muy antigua y se remonta a las primeras prácticas chamánicas en la prehistoria. Amarrar un espíritu a un objeto, temporal o permanentemente, tiene el beneficio de darle al espíritu pie firme en el plano material y, además, te proporciona a ti una manera fácil de contactar con el espíritu para darle instrucciones y hacerle ofrendas. Algunas personas se sienten incómodas con la idea de amarrar a los espíritus a objetos, pues creen que es atrapar al espíritu contra su voluntad, pero ése no es necesariamente el caso. A veces se dice que la naturaleza de los espíritus es como el fuego y que, al igual que una llama, puede usarse para encender otra lámpara sin que ello haga que la llama original se reduzca. Esto explica por qué los espíritus, como en el caso de los cuatro arcángeles, pueden ser llamados con eficacia por múltiples personas en numerosas ocasiones, y por qué objetos como los ídolos y los sellos son tratados como si fueran *inseparables* del espíritu, incluso si existen múltiples objetos.

Ciertamente, hay casos en los que se cree que los espíritus son atrapados en su totalidad por algunos hechiceros poderosos, como ocurrió cuando, según parece, el rey Salomón amarró a los 72 demonios de la *Goetia* en un recipiente de latón y cuando el Quinto Dalai Lama hizo lo mismo con Dorje Shugden. Sin embargo, en ambos casos, más adelante los espíritus fueron liberados por magos menos expertos.

Objetos como la gárgola, la nuez de murciélago y la garuda son excelentes para poner en su interior a los espíritus. Paul Huson, en su magnífico libro *Mastering Witchcraft*, ofrece un ritual mediante el cual un espíritu, o *magistillus* («pequeño maestro» en latín), es atraído hacia el interior de una raíz de mandrágora o un *alraun*, y se le hace servir como guardián del fuego del hogar. La mandrágora recibe su nombre porque la raíz se asemeja a la forma humana, mientras que un *alraun* es una figura humanoide tallada en una madera de serbal. También se pueden hacer casas más complejas para los espíritus, como el Nganga de Palero, que a menudo adquiere la forma de un caldero con diversos objetos en su interior, como machetes y maderas sagradas, que ayudan al espíritu que habita en él.

El siguiente ritual es para la creación de una casa para espíritus que servirá de hogar para el espíritu Apoxias, que es otro espíritu protector que me fue revelado por Hécate. Apoxias se me apareció en la forma de un hombre con ojos de espejo y piel oscura de un tono negro verdoso. Llevaba una campana en una mano y una espada larga y muy afilada en la otra. Hécate le ha encargado proteger a cualquiera que sea atacado injustamente y es un excelente vigilante y guardia.

Esta casa de espíritus debería hacerse con una botella de color verde oscuro.[33] La botella se debería exorcizar con incienso y agua

---

33. Personalmente, encuentro que las botellas de aceite de oliva Carapelli son ideales para este hechizo, pero cualquier otra botella servirá.

salada antes de empezar. La botella se debería llenar con tierra o polvo de los siguientes lugares y en el siguiente orden:

1. Tierra de un cementerio (no de una tumba en particular, sino simplemente del suelo).
2. Tierra o polvo de una comisaría.
3. Tierra o polvo de un banco.
4. Tierra o polvo de una iglesia (o templo o salón masónico, para que te hagas una idea...).
5. Tierra o polvo de un edificio del gobierno.
6. Tierra de las montañas o del suelo más alto que tengas alrededor.
7. Tierra de la orilla de un lago o arena de la playa.
8. Tierra o polvo de una tienda.
9. Tierra o polvo de un cruce de caminos.

La tierra o el polvo de estos lugares debería ser de sitios lo más cercanos a tu casa que sea posible. Sólo necesitas un poco de cada lugar y la botella sólo debería quedar llena hasta la mitad cuando hayas terminado.

A continuación, añade los siguientes elementos a la botella:

1. Ramitas de roble.
2. Agujas de pino.
3. Endrino.
4. Acónito.
5. Semillas de amapola.
6. Semillas de mostaza negra.
7. El pelo de un perro negro.
8. Tres hojas de afeitar.
9. Un pequeño cascabel.

El roble es para la protección. Las agujas de pino son para la limpieza. El endrino es para enredar las obstrucciones. El acónito es veneno y también es sagrado para Hécate. Las semillas de amapola provocan confusión y las de mostaza negra causan daño a los

131

enemigos. El pelo de un perro negro también es sagrado para Hécate y le cede a Apoxias los espíritus caninos que pueden rastrear y cazar a las presencias ofensivas. Las hojas de afeitar simbolizan la espada del espíritu y el cascabel representa la campana del espíritu, con la que advierte del ataque y confunde a todos sus enemigos.

En el exterior de la botella deberías pegar cuatro espejos mirando hacia las cuatro direcciones. Éstos representan simultáneamente los ojos del espíritu y su capacidad de invertir el daño, devolviéndoselo a quien lo envió. Se pueden añadir una pequeña cadena y candado en el exterior para representar las cadenas para sujetar a tus enemigos.

Por último deberías preparar su sello en un pergamino, pero por ahora debes dejarlo fuera de la botella.

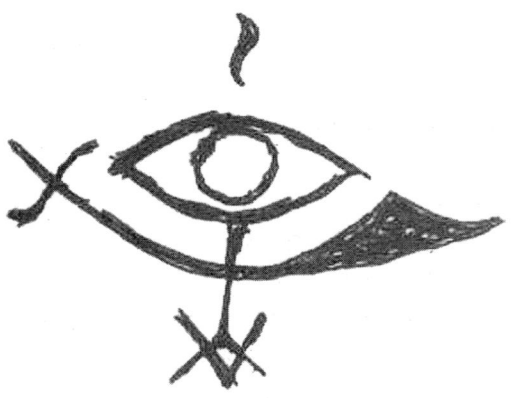

Figura 6.1 El sello de Apoxias

Si puedes realizar el rito en un cruce de tres caminos en un día de Luna nueva, mejor que mejor. Si no, entonces puedes hacerlo en tu casa o en algún otro sitio que consideres poderoso. Dondequiera que decidas realizar la ceremonia, ésta debe tener lugar en un día de Luna nueva.

Empieza sirviendo una cena para Hécate como la descrita para cargar la trampa para espíritus. Ésta debería incluir alimentos sagrados para Hécate, como salmonete, pan, huevos crudos, queso, ajo, bizcocho y miel. También puedes incluir hierbas como el acónito y la raíz de diente de león como acompañamiento. Deberías realizar un destierro como el del capítulo 2 u otra fórmula de tu elección. Después del destierro, siéntate en silencio durante un rato.

Cuando notes que has entrado en un estado receptivo, deberías encender algún incienso sagrado para Hécate como, por ejemplo, una mezcla de mirra, artemisa y gordolobo. Llama a Hécate usando el siguiente conjuro mientras miras fijamente el sello de Apoxias.

Yo te saludo, madre de los dioses con múltiples nombres, cuyos
    hijos son justos.
Yo te saludo, poderosa Hécate, señora del umbral.
Tú que caminas desmelenada y salvaje por las tumbas y los
    terrenos de cremación.
Cubierta de azafrán, coronada con hojas de roble y anillos de
    serpientes.
Tú que eres seguida por hordas de fantasmas, perros y espíritus
    inquietos.
Acudo a ti en busca de ayuda.
Te llamo por tus nombres secretos:
Aktiophis, Ereshkigal, Nebotosoualeth.
Poderosa Hécate, envía a tu ángel Apoxias para que habite en
    esta casa.
Que more en ella y encuentre todas sus armas esperándole.
Que proteja mi casa, a mi familia y a todos mis seres queridos.
Que se mantenga firme contra los poderes y principados del mal.
Que haga retroceder a las mareas de espíritus invasores
Que expulse a quienes conspiran contra mí.
Que persiga y encuentre a los atacantes ahí donde moran y lleve
    la batalla a sus puertas.
Yo te saludo, madre de los dioses con múltiples nombres, cuyos
    hijos son justos.
Yo te saludo, poderosa Hécate, señora del umbral. Envíame a tu
    espíritu esta noche.

Llegado este momento, deberías concentrarte atentamente en el sello de Apoxias. Sostén el sello por encima del humo del incienso y recita el siguiente encanto al menos 100 veces para atraerlo a través de su sello:

IO APOX-IAS IO HO!
(ee-oh-ah-pohks ee-as ee-oh ho!

En algún momento sentirás que la presencia del espíritu entra en el sello. Esta sensación difiere según nuestros dones y capacidades individuales, pero puede ser desde una simple sensación de no estar solo hasta la sensación de que muchas puertas invisibles se están abriendo a la vez, o algo visible como que súbitamente las líneas del sello se mueven o parecen estar en tres dimensiones. Incluso si recibes la señal de su presencia inmediatamente, deberías completar los 100 recitados a modo de ofrenda y como una manera de afirmar su presencia. Si no recibes la señal, deberías continuar recitando hasta que esto ocurra.

Cuando hayas terminado, deberías colocar el sello dentro de la botella y cerrarla. Enciende una vela negra encima de la botella y, con tus propias palabras, dales las gracias a Hécate y a Apoxias por haber respondido a tu llamada. Coloca la botella en tu altar o en un estante en tu casa. En cada Luna nueva deberías prender un poco de incienso como ofrenda al espíritu y rezarle con tus propias palabras para que continúe protegiendo tu hogar, a tu familia y a tus amigos. Además, deberías prestar atención a los presagios y a los sueños, así como a cualquier persona que parezca estar molesta. Apoxias es muy bueno haciendo que las personas que tengan planes contra ti dejen ver sus cartas antes de usarlas. Él es también un protector feroz, de modo que los brujos y brujas que crean que hay que enfocar la defensa con suavidad y que preferirían sufrir un daño antes que arriesgarse a hacer daño al atacante deberían evitar del todo a este espíritu. Apoxias no es un pacifista.

Por último, cuando trates con espíritus de cualquier tipo, deberías ser consciente de que estás abriendo tu vida a las relaciones con los otros mundos. Como ocurre con todas las relaciones, esto funciona en los dos sentidos. Los espíritus vendrán cuando los llames, pero no te sorprendas si empiezan a llamarte por su cuenta. La magia tiene lugar en todas partes, no sólo dentro de los confines de un círculo. Esta relación es una bendición y es la única manera de aprender la magia que no se puede aprender en los libros, pero las personas que no estén preparadas para lidiar con esto deberían evitar del todo trabajar con los espíritus.

Espíritus artificiales

Aparte del uso de los espíritus e inteligencias que el brujo o la bruja atrae mediante conjuros u ofrendas, también existen métodos para crear espíritus artificiales. Un espíritu artificial está hecho de una energía a la que el brujo o la bruja da forma y programa, como si fuera un programa informático de inteligencia artificial. Los espíritus artificiales son creados para ser utilizados a largo y corto plazo y tienen muchos nombres. En la brujería europea tradicional, a veces se conoce al espíritu artificial como un *fetch* o *bud-will*. En la magia ceremonial a menudo se les llama egregores o, cuando están construidos a partir de uno o más de los cuatro elementos, como elementales artificiales.

Uno de los ejemplos más famosos de un espíritu creado por un mago para una defensa es el *golem*. Según dicen, en el año 1580, un cabalista llamado el rabino Loeb creó un espíritu artificial que habitaba en una forma física llamada *golem* y la animaba. Un sacerdote católico de nombre Taddeush estaba planeando acusar a los judíos de Praga de un asesinato ritual, lo cual habría provocado una reacción violenta contra la comunidad judía que habría provocado muchas muertes. El rabino Loeb se enteró de esto y, para desviar el peligro, dirigió una petición onírica al cielo para que le ayudaran a salvar a su pueblo. Recibió la respuesta en un código hebreo: *Ata Bra Golem Devuk Hakhomer Ve-Tigzar Zedim Chevel Torfe Yisroel.* El significado literal de esto es: «Haz un *golem* de barro y destruirás a toda la comunidad antisemita». A tra-

135

vés de la interpretación gemátrica[34] de esta frase, el rabino pudo descifrar la fórmula para hacer exactamente eso. Le dio vida al *golem* escribiendo uno de los nombres de Dios, *EMETH*, en su cabeza. Las historias sobre cómo el *golem* cumplió con su cometido varían: algunos dicen que se volvió loco y tuvo que ser destruido, otros afirman que sólo mató al sacerdote y luego lo desactivaron. El *golem* fue desactivado borrando la E del nombre de su frente para convertir *EMETH* en *METH*, que en hebreo significa «muerto». El cuerpo del *golem* fue sellado en un pasillo secreto de una sinagoga donde, según dicen, permanece hasta el día de hoy. Algunas personas creen que esta historia fue la inspiración para el clásico de Mary Shelley *Frankenstein*.

Otra historia famosa que incluye la creación de un espíritu artificial nos llega a través de Alexandria David Neel, exploradora y escritora francesa que se internó en el Tíbet en la década de 1920 y viajó por el país disfrazada de mendigo y de lama. En su libro *Magic and Mystery in Tíbet*[35] describe cómo creó un espíritu artificial llamado *tulpa*, que se traduce aproximadamente del tibetano como «emanación de la mente». En su historia, Alexandria se encierra en una cueva y se concentra en crear un monje bajito y bonachón. Unas semanas más tarde, siente que su monje se ha manifestado suficientemente y sale de la cueva. El monje-*tulpa* la sigue e incluso es visto de vez en cuando por otros miembros del grupo con el que ella viaja. Los problemas surgen cuando el monje empieza a cambiar y a salirse del control de Alexandria. Su apariencia se modifica, dejando de ser rechoncho y bonachón para convertirse en un ser delgado y siniestro. Al darse cuenta de que su creación se le ha ido de las manos, Alexandria decide desactivar al monje, pero sólo lo consigue con gran esfuerzo después de varios meses.[36]

---

34. La gematría es el arte cabalístico en el que las palabras se reducen a sus valores numéricos y se asocian a otras palabras.

35. Alexandria David Neel, *Magic and Mystery in Tíbet* University Books, 1965.

36. Llevo varios años estudiando el tantra y la magia tibetanos, tanto en Estados Unidos como en Nepal, y jamás había oído a nadie hacer referencia al término *tulpa* de esta forma. Antes bien, se refiere a seres del séquito de deidades tántricas que son visualizadas o invocadas en el tantra de la etapa de generación. Tanto si Alexandria entendió el término correctamente como si no lo hizo, podemos aprender una lección valiosa de su experiencia.

Incluso hay un caso en el que un espíritu artificial ¡es tratado como si fuera uno de los jefes de toda una orden mágica! En determinada época, la Fraternitas Saturnai de Alemania consideró a un egregor llamado GOTOS (acrónimo de Gradus Ordinis Templi Orientus Saturnai) como un jefe secreto. Éste era alimentado por todos los miembros de la orden y, en consecuencia, era una especie de mente grupal que podía ser invocada para aconsejar a la orden con el peso de su sabiduría.

A finales de la década de 1980, el uso de espíritus artificiales se hizo sumamente popular entre las personas interesadas en la magia del caos, en la cual los espíritus suelen ser conocidos como servidores. Les llames como les llames, su construcción y su uso es más o menos igual. Primero debes decidir la función que quieres que cumplan; en nuestro caso, nos interesa la defensa mágica y la protección, pero también se pueden crear para prácticamente cualquier propósito. En general, los espíritus artificiales están pensados para existir temporalmente y están diseñados para desvanecerse tras haber cumplido con su labor o después de una determinada fecha. Se pueden construir servidores permanentes, pero hay que cuidar de ellos con esmero y alimentarlos con energía para que no se nos descontrolen, para que no empiecen a obtener su alimento (y, por ende, su programación) de otra parte, como en el caso del *tulpa* fuera de control ya mencionado.

Antes de crearlo, decide cuál será la forma. Ésta está limitada únicamente por la imaginación y debería indicar, de alguna manera, su función. Un servidor creado para advertir del peligro, por ejemplo, debería adoptar la forma de una nube de ojos y orejas, y un servidor pensado para vigilar una casa debería tomar la forma de un caballero con armadura. Elijas lo que elijas, deberías saber que el servidor puede adquirir las características de su forma. Si deseas un servidor que ataque en la batalla, no le des un aspecto tierno y mimoso; asimismo, si temes hacer daño en tu respuesta al peligro, no hagas que tenga la forma de un oso.

Luego, deberías decidirte por un nombre y un sello que representen al servidor. El nombre debería plasmar su función de alguna manera. Si deseas un nombre que indique su función, puedes elegir una palabra y mezclar las letras o escoger una combinación de palabras y luego condensarlas. Por ejemplo, la palabra *protector* podría convertirse en el nombre «Rectoport», y los términos *amarrar el daño* podrían formar el nombre «Amarradaño», eliminando la letra *r* de *amarrar* y la palabra *el*. Un espíritu artificial creado principalmente a partir de una fuerza elemental o planetaria puede tener un nombre formado por una palabra que recuerde a dicha fuerza. *Madim*, por ejemplo, es el nombre hebreo para Marte, y podría usarse como un nombre para un servidor que esté hecho con la energía que emana de esa esfera planetaria. Ciertamente, si te sientes inspirado para ponerle otro nombre, adelante. Un amigo mío le puso de nombre Phil a su servidor protector y afirma que ha tenido mucho éxito con él.

Se puede construir un sello a partir de uno de los métodos previamente descritos, como combinar letras en un símbolo, donde las letras individuales no son evidentes a simple vista. También puedes trazar un sello en el *kameas* o el *lamen* de la Rosacruz si sabes cómo hacerlo. Además, puedes hacer un cuadro de tu propia creación y trazar un sello en él. Por ejemplo, puedes hacer un gráfico de 5 x 5 y llenarlo con letras del castellano según tu propia inspiración, usando la «I» para representar la letra «J» como en el latín.

Los siguientes métodos podrían utilizarse para hacer sellos para un servidor llamado Binderham.

Q	Y	N	L	B
C	P	E	T	V
H	K	A	O	D
I	Z	U	W	R
F	S	M	X	G

Figura 6.2 Cuadro de letras

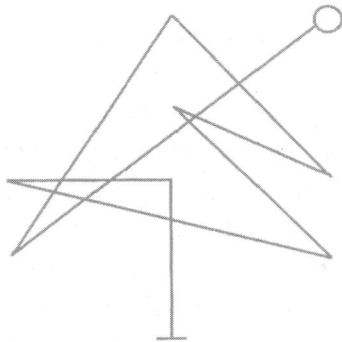

Figura 6.3 Sello trazado en el cuadro de letras

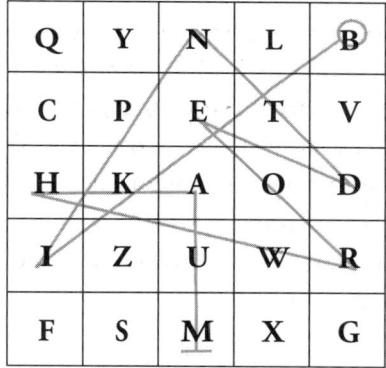

Figura 6.4. Sello de letras combinadas

Aunque no es estrictamente necesario, considero que es útil escribir el nombre y el sello del espíritu en una hoja de papel. Este papel forma un vínculo mágico y un hogar para el espíritu, y puede utilizarse para alimentar al servidor y dar más instrucciones. También se le pueden añadir al papel las órdenes del espíritu y otros símbolos apropiados para el trabajo, al igual que aceites y polvos coherentes con la naturaleza del espíritu. Si estás planeando que el espíritu permanezca contigo durante un período largo, puedes grabar el sello y el nombre en una estatua u otro objeto que luego servirá como un poderosos guardián.

Para construir el espíritu tienes que establecer un lugar, unos centímetros delante de ti, en el que el espíritu se va a manifestar. Yo siempre coloco un triángulo en ese sitio para ayudar a la manifestación del espíritu. Si vas a usar un papel u otro objeto para que sirva de conexión con el espíritu, entonces puedes colocarlo en el lugar en el que el espíritu se manifestará. Deberías hacer un destierro en el espacio en el que vas a trabajar o establecer un círculo de acuerdo con los métodos que utilizas normalmente.

Empieza atrayendo hacia ti a cualquier tipo de energía que vayas a emplear. Una forma de hacerlo y de atraer energía en general es hacer aparecer la columna utilizando la fórmula «Descendat Columba, Ascendat Serpens» que se proporciona en el capítulo 2. También puedes usar aquí la respiración elemental por los poros de la piel, que tratamos en la sección sobre los escudos, en la cual el cuerpo es visto como vacío y una fuerza elemental es atraída hacia su interior a través de los poros. Puedes elegir el elemento tierra para que te proporcione protección, agua para aliviar las situaciones tensas y favorecer la comprensión, y así sucesivamente con el fuego y el aire.

Las fuerzas de los planetas también pueden ser inspiradas hacia el interior del cuerpo, realizando el ritual en el día y la hora planetarias adecuadas, al tiempo que te concentras en los colores y los símbolos del planeta.[37] Para este propósito, también se puede acumular y utilizar la energía sexual, pero es un poco más complejo y no es lo mejor para los propósitos protectores. La descripción completa de esta técnica tendrá que esperar a otro libro.

Cuando el cuerpo esté lleno de la fuerza, deberías fijar tu mirada en el espacio que has establecido para que el espíritu se manifieste en él. Ahora, debes hacer salir la fuerza a través de tu ombligo y visualizar cómo sale disparada y forma una nube delante de ti. A través de la fuerza de voluntad, ordena a la nube de energía que adopte la forma que tú has determinado de antemano. Cuantos más detalles incorpores, mejor se manifestará el espíritu. Si tienes mucho talento para visualizar, incluso puedes ir más lejos e imaginar que la energía adopta la forma de versiones microscópicas del sello del espíritu, las cuales luego

---

37. Para saber cuáles son esos símbolos y momentos planetarios, véase los tres libros de filosofía oculta de Agripa.

forman las células del ser y, finalmente, se unen creando la forma del servidor. Si tus poderes de visualización son limitados, debes trabajar al máximo de tu capacidad.

Cuando consigas ver al espíritu delante de ti, ése es el momento de darle un nombre, así como unas órdenes. Un simple: «Yo te doy el nombre de _____. Tú eres _____», será suficiente. Las órdenes deben ser también sucintas e ir al grano. Si el espíritu está pensado para un uso temporal, debes darle la orden de que se desvanezca en un momento en el futuro, tanto si ha cumplido con su tarea como si no lo ha hecho. Con los espíritus, es mejor utilizar un acontecimiento astronómico para señalar ese momento en lugar de usar una fecha del calendario. El siguiente equinoccio, la Luna nueva, o cuando el Sol entre en un nuevo signo son ejemplos que funcionarían bien. Si estás planeando que el servidor esté cerca de ti permanentemente, deberías tener cuidado de alimentarlo con energía y reforzar su programación a intervalos regulares.

Cuando le hayas dado las órdenes, mándale partir para llevarlas a cabo. Si vas a amarrar al espíritu a un objeto, puedes visualizar que el servidor penetra en el interior de dicho objeto. Si no vas a amarrarlo, entonces simplemente visualiza que el servidor se aleja volando para llevar a cabo su misión.

Los usos potenciales de los servidores y los métodos para construirlos son infinitos, y el motivo por el cual tengo el esbozo de un ritual en lugar de un guion es porque esta forma de magia es tan maravillosamente imaginativa que todas las personas deberían desarrollar sus propias técnicas. El beneficio de usar servidores en lugar de una entidad preexistente reside en su absoluta obediencia a tu voluntad. Tú eres su creador y su maestro. Ése también es su defecto, porque ocasionalmente un espíritu preexistente podría encontrar maneras de ayudarte que a ti jamás se te habrían ocurrido.

En cualquiera de los dos casos, el uso de espíritus para la defensa suele ser necesario ante la posibilidad de un ataque mágico en toda regla. Los amuletos y los rituales de destierro son estupendos para impedir el daño, pero tarde o temprano pueden ser burlados con una técnica lo bastante ingeniosa. Los espíritus, artificiales o no, por su capacidad de adaptarse a las defensas y atravesarlas, son utilizados a menudo para lanzar ataques.

Si crees que alguien ha enviado a un espíritu artificial contra ti, puedes combatirlo de varias maneras. Algunos espíritus artificiales no son más que formas de pensamientos proyectadas por un creador sin incorporar ningún otro tipo de energía. En ese caso, puedes destruirlos con el pensamiento, imaginando que se alejan. Es así de sencillo: simplemente imagina que son eliminados; de la mente vinieron y por la mente se irán. Si los destierras y visualizas que se van, pero se resisten, entonces tienes otro problema.

En el caso de un elemental artificial, puedes luchar contra él o destruirlo atrapándolo dentro de un triángulo, como, por ejemplo, la trampa para espíritus hecateana, y atacándolo con el elemento opuesto y las armas asociadas. También puedes empezar a alimentarlo con el elemento del que está hecho, haciéndolo más fuerte pero también infundiéndolo con tu voluntad en un intento de usurpar el control. Esto es ligeramente más peligroso, pero tiene sus ventajas. Si consigues dominar a un espíritu artificial, ése es un poderoso vínculo mágico con un atacante potencialmente desconocido. Esto es difícil, y únicamente lo deberían intentar los practicantes experimentados, pero puede ser más fácil que conseguir cabellos y trozos de uñas.

De hecho, en una multitud de casos, los espíritus que son enviados a atacar a alguien son usurpados por la víctima y se vuelven contra el atacante. Esto se consigue haciendo mejores ofrendas al espíritu, dando órdenes al espíritu en un exorcismo, o apelando a su naturaleza. Me han contado un caso ocurrido en Haití en el que un *bokor* («hechicero») envió a uno de los barones, *loa*, que está asociado a la muerte y el cementerio, entre otras cosas, contra otro *bokor*. El hechicero que era el blanco hizo plegarias para el mismo barón y, básicamente, dejó que fuera éste el que decidiera quién tenía la razón. Al final, fue el primer *bokor*, el que había iniciado el ataque, quien acabó en la tumba.

Esta técnica de obligar al espíritu a elegir entre dos víctimas con la esperanza de que la persona que no tiene la razón sea la que muera también aparece en la *Pulsa Dinura*, o el maleficio de los Azotes de Fuego, que fue mencionado en un capítulo anterior. Este maleficio se realiza en un cementerio e invoca al ángel de la muerte, pidiéndole que mate a una víctima nombrada o a la persona que hace el maleficio. Es el ángel el que decide quién merece la muerte. Este maleficio fue utilizado el 6 de octubre de 1995 por el político israelí Avigdor Eskin contra Isaac Rabin en respuesta al Acuerdo de Oslo. Rabin fue asesinado antes de que hubiera transcurrido un mes. Más recientemente, el maleficio fue utilizado contra Ariel Sharon y en el momento en que escribo estas líneas, Ariel Sharon está en un coma del que la mayoría de gente cree que no se recuperará.[38]

Obviamente, utilizar estas técnicas es bastante peligroso y es un trabajo avanzado, pero las menciono para dar una información completa. De ti depende decidir lo que estás preparado para usar y cuándo. En general, estarás mejor servido si usas las técnicas defensivas ya mencionadas y los métodos de inversión y contramagia que enseñaré en el siguiente capítulo.

COMENTARIO DE LA NUEVA EDICIÓN

Una de las cosas más bonitas de ser el autor de un libro es oír, y a veces ver, cómo la gente le da un buen uso a ese trabajo. A lo largo de los años, me ha sorprendido la cantidad de gente que ha hecho la botella de Apoxias. Los elementos para esta botella no son los más fáciles de conseguir, y estoy encantado con la dedicación que han puesto tantos lectores en reunir la fórmula tal y como está escrita, o teniendo mucho cuidado en las sustituciones.

El acónito se incluyó como ingrediente para la botella en el libro original y es el único cambio sustancial que he hecho en el cuerpo del libro en sí. Ahora figura el diente de león en su lugar. Cuando hice mi casa de espíritus, me puse guantes y manipulé el acónito con cuidado. Al fin y al cabo, iba a introducirse en una botella que no se volvería a abrir, así que el peligro era pequeño. El acónito es mortal, pero su inclusión tiene tanto que ver con que es sagrado para Hécate y para el inframundo como con cualquier otra cosa. Hay una leyenda que afirma que el acónito empezó a brotar de los lugares donde babeaba Cer-

---

38. 26 de julio de 2005, *www.WorldNetDaily.com*

bero, el guardián de tres cabezas de Hades. El diente de león también es sagrado para Hécate y está relacionado con el inframundo porque las raíces se extienden hacia abajo en la misma longitud que la flor sobre el suelo. Por eso he sustituido el acónito por diente de león.

El otro ingrediente que la gente ha tenido problemas para encontrar es el espino negro, ya que no es fácil de conseguir en Estados Unidos. Yo conseguí el mío en Inglaterra, pero si realmente no puedes conseguir espino negro, puedes optar por otro sustitutivo espinoso más local.

Cuando se hace cualquier tipo de sustitución en magia es necesario tener en mente dos ideas en apariencia contradictorias:

1. Absolutamente todo importa. Está ahí por una razón y cambiar lo que va dentro cambiará lo que sale.
2. Muy pocas cosas son necesarias. El hecho de que una sustitución u omisión cambie lo que se obtiene no significa necesariamente que sea peor. Puede que sea peor, puede que sólo sea diferente o puede que incluso sea una mejora.

Lo explico como «la regla del queso a la plancha». A mí me enseñaron a hacer queso a la plancha con mantequilla por fuera del pan y tres tipos de queso por dentro. Sin embargo, si no dispones de mantequilla, puedes hacer un queso a la plancha con mayonesa. Será diferente, pero no necesariamente peor. Lo mismo ocurre con los quesos. Si no puedes utilizar queso cheddar por su afilado, queso suizo por su fibrosidad y queso americano por su fundido, puedes omitir uno de ellos o usar quesos completamente diferentes. Seguirá siendo queso a la plancha, pero también será distinto.

Por supuesto, cuando se lleva esto al extremo, se puede omitir o sustituir tanto que realmente ya no sea lo mismo. Utilizar pollo frito en lugar de queso puede que te apetezca, pero no es queso a la plancha. En la fórmula mencionada antes, si cambias cada ingrediente y cambias el sello del espíritu, deja de ser la botella de Apoxias. Puede ser magia decente, pero no es esta magia.

¿Lo entiendes?

Capítulo VII

Inversión y contramagia

Si estás alerta en tus destierros, si usas amuletos protectores y tienes unos guardianes fuertes, entonces, incluso si alguien te echara un maleficio directamente, probablemente ni siquiera lo notarías. Todo el ataque te resbalaría o sería retornado automáticamente a quien lo envió. Sin embargo, en algunas ocasiones, las defensas normales no serán suficientes y será necesario asumir una posición más activa para asegurar tu bienestar y el de tus seres queridos. Hasta el momento hemos tratado tan sólo las medidas estrictamente pacificadoras, protectoras y preventivas. En la mayoría de circunstancias, eso será lo único que se necesitará. Por desgracia, es posible que en algunos casos, un enemigo obsesivo no dé muestras de cesar su acoso, y entonces tendrás que recurrir a métodos más duros para asegurarte una defensa eficaz. Por este motivo, es importante que domines las técnicas de inversión y contramagia.

Existe un axioma muy conocido que ha entrado en la wicca y que se conoce como la Ley del Tres. Esta ley se suele interpretar como una especie de karma amplificado, y afirma que cualquier daño realizado por un brujo o una bruja regresará triplicado. Según algunos de mis contactos en la brujería tradicional, el significado original de la Ley del Tres era un tanto distinto. La idea era que, si se hace daño o se lanza un maleficio a una bruja o un brujo, él o ella debería *enviarlo de vuelta al atacante tres veces.* Esto garantiza que el enemigo, si sobrevive a la triple inversión, no volverá a intentar hacer la misma tontería. Dado que este libro es únicamente un texto elemental sobre defensa, no me concentraré en el acto de devolver las cosas «triplicadas». No obstante, a veces es una buena idea invertir un ataque devolviéndoselo al atacante y obligándolo a caer en su propia trampa.

Identificar a tu atacante

Aunque no siempre es necesario, resulta satisfactorio saber a quién le estás devolviendo el maleficio. Por desgracia, no siempre es posible. Aunque los hechiceros menos expertos se apoyan en el poder psicológico del hecho de que la persona sepa que es víctima de un maleficio como una parte del maleficio en sí mismo, un brujo realmente poderoso no revelará su identidad, dejando que el maleficio trabaje en secreto. Si tu enemigo no ha mostrado una mano que señala dramáticamente y no ha pronunciando una maldición verbal, es posible que los objetos físicos utilizados para echarte el maleficio te proporcionen pruebas. Polvos como el polvo de bobos y la tierra de cementerio son frecuentes, al igual de una serie de otros polvos de circunstancias como los polvos para imposibilitar, para cruzar, para ordenar y los polvos de las artes negras. Normalmente, estos polvos se echan en un lugar en el que la persona va a entrar en contacto con ellos o los va a pisar, como, por ejemplo, la puerta de la casa, el vehículo, o incluso un papel enviado por correo. Además de los polvos, también pueden colocar en tu casa o en tu oficina objetos como bolsas grisgrís, bolas de la suerte y talismanes de papel para que transmitan su poder. Si encuentras cualquiera de estos artículos u otros sospechosos, puedes reunirlos y utilizarlos para afilar tus hechizos de inversión contra la persona que te los envió.

Si no encuentras ningún objeto, quizás el atacante haya recogido algo tuyo para emplearlo como vínculo. Piensa en las personas que has tenido como invitadas recientemente que podrían haber usado tu baño, donde podrían haber conseguido un cabello de tu cepillo o un trocito de uña de la papelera. Piensa en cualquiera que haya tenido acceso a tu oficina o a tu vivienda. Además, piensa en las personas que te han ofrecido comida o regalos, recurriendo a una página del libro de estrategias del ejército troyano: muchos tipos de maleficios pueden lanzarse a través de la comida y los regalos se pueden preparar y consagrar para transmitir maleficios. A continuación, pregúntate si cualquiera de esas personas podría tener algún motivo para hacerte daño. Por último, evalúa si tendría la capacidad y los conocimientos para echar un maleficio por sí misma y, si no es así, si sería capaz de pagar a alguien para que lo haga en su lugar. No debería haber demasiados candidatos que cumplan con estos requisitos. Si los hay, entonces se me ocurre que tus problemas son más serios que este maleficio.

Tanto si se te vienen a la mente personas sospechosas que están usando estos métodos, como si simplemente crees saber quién lo hizo, SIEMPRE deberías hacer una adivinación antes de intentar una inversión destinada a devolver un maleficio a una persona específica. Si te equivocaras de persona, probablemente ésta no sentiría el efecto de la inversión, pero durante el proceso podría recibir parte de la energía negativa que has enviado hacia ella. También es posible que lo que crees que es un maleficio sea en realidad una serie de circunstancias adversas provocadas por errores mágicos o promesas solemnes que has incumplido sin darte cuenta. Si intentas devolvérselo a quien te lo envió, te lo estarás enviando a ti mismo, y, como dos espejos colocados uno frente a otro, el reflejo continuará produciéndose eternamente, haciendo que el problema sea cada vez peor.

Un buen método para adivinar la identidad de un atacante es anotar los nombres de los sospechosos en una hoja de papel, añadiendo un nombre adicional de «desconocido», por si acaso el verdadero culpable no estuviera en tu lista. Coloca el péndulo (yo uso un péndulo de piedra imán suspendido de un cabello mío cortado, pero un péndulo comprado en una tienda también servirá) encima del primer nombre y pregunta si esa persona es la que te echó el maleficio. Aquí no tengo espacio para impartir una enseñanza extensa sobre el uso del péndulo, pero deberías ser capaz de despejar tu mente, conectar con lo divino y luego preguntar si ese nombre es el de la persona que te maldijo. Si es así, el péndulo se debería mover con fuerza. Otros métodos, como extraer cartas o runas para cada nombre, son igualmente válidos. Si consideras que estás demasiado disperso como para realizar una adivinación eficaz (después de todo, estás potencialmente bajo un maleficio) o si estás demasiado implicado emocionalmente como para obtener una respuesta objetiva, deberías incorporar a una tercera persona para que haga la adivinación en tu nombre.

Cualquiera sea el método elegido, deberías apoyarte en la adivinación para confirmar tus sospechas y para ver cuál será el desenlace. No puedo enfatizar esto lo suficiente. Es posible que la inversión hiciera más mal que bien. En los inicios de mi carrera en la magia fui blanco de un desagradable maleficio que me produjo algunos ligeros dolores de cabeza e hizo que rompiera algunas baratijas por la torpeza de mis manos. Después de buscar material sobre maleficios, encontré un sello en un papel que estaba debajo de una de las alfombrillas de mi vehículo. Usé ese papel como vínculo para invertir el maleficio y devolvérselo a quien me lo había enviado haciendo arder una vela al revés (esto se describe en las páginas 149-150). Aproximadamente una semana más tarde, me enteré de que una novia a la que había dejado de mala manera había tenido un accidente y estaba en el hospital con lesiones graves. Ella no era una practicante seria de brujería, pero cuando la confronté sobre el tema del sello, reconoció que había encontrado un libro y había decidido echarme un maleficio para demostrarme que yo no era tan buen mago. Lo que ocurrió fue que la mayor parte de su maleficio fue neutralizado por mis rituales diarios y mis medidas de protección, medidas que ella no había tomado por ser sólo una practicante eventual. Ella recibió toda la fuerza del maleficio que había querido echarme a mí y, puesto que no disponía de ninguna protección mágica, aquello resultó bastante destructivo. Éste fue un caso en el que, si yo hubiera sabido cuál iba a ser el desenlace, no habría invertido el maleficio, porque no habría querido causar ese tipo de daño a alguien conocido, aunque esa persona hubiera hecho algo contra mí por rabia.

Hechizos de inversión

ENREDADO EN LOS CORDONES DEL DIABLO

Tras haber decidido si vas a invertir el hechizo o no y, de ser posible, haber adivinado la identidad del culpable, estás preparado para realizar la inversión. Si crees que el maleficio se concentra en tu hogar, un método excelente para invertir el hechizo es conseguir un poco de tierra o polvo de la vivienda del ofensor, nueve trozos de ruda cabruna y un bote. Empieza el hechizo recordando el maleficio que te han echado. Esfuérzate por conectar con esa fuerza que ha sido lanzada contra ti, por conseguir una «sensación» psíquica de su frecuencia. Toma un trozo de ruda cabruna con la mano derecha y traza una cruz en el aire delante de ti, sintiendo que la raíz recoge la energía del hechizo. Mientras trazas el brazo vertical de la cruz, pronuncia: «No estoy en tu poder». Cuando traces el brazo horizontal de la cruz, di: «Tú estás en mi poder». Repite nueve veces, una vez con cada trozo de ruda cabruna. Toma los nueve trozos e introdúcelos en el bote junto con la tierra o el polvo de la casa de tu enemigo, un poco de pimienta roja y negra y algunas semillas de amapola, mezclándolo todo. Acude a la casa del culpable y, mientras esparces la mezcla por su jardín o su porche, di:

La malevolencia que has dirigido contra mí ahora regresará a ti.
Por mi palabra y mi voluntad, así será.
Aléjate de la casa sin mirar atrás.

Este ritual amarra el maleficio de una forma casi literal, expulsándolo de tu esfera, y se lo devuelve envuelto en un bonito paquete a la persona que lo envió. Cuando llegues a tu casa, deberías hacer un buen destierro, limpiar la vivienda y fortalecer las protecciones que tengas.

HECHIZO DE INVERSIÓN DE LA VELA AL REVÉS

La práctica de hacer arder velas «al revés» es una técnica popular que se usa con frecuencia para echar maleficios, pero que también se puede utilizar para invertir un maleficio, enviándoselo de vuelta a quien te lo echó. Necesitarás una vela negra, un bote con tierra y caparazones de cangrejo pulverizados. Enciende la vela negra y colócala en un candelabro. Como en el hechizo anterior, intenta acceder mentalmente a la frecuencia de los poderes que han sido enviados contra ti, al tiempo que te concentras en la vela. Ésta representa ahora el maleficio original. Cuando tu mente se haya agarrado firmemente al poder del maleficio, levanta el candelabro con la vela y apágala introduciéndola en el frasco que contiene tierra y los caparazones de cangrejo. El hechizo también funciona sin los caparazones, pero los cangrejos representan la inversión, porque caminan hacia atrás, de modo que son un elemento adicional. Teniendo en mente tu propósito de invertir el maleficio devolviéndoselo a quien te lo envió, arranca la base de la vela con tus dientes, dejando la mecha al descubierto. Enciende la vela por el extremo mordido y vuelve a colocarla en su candelabro. Mientras lo haces, dale la siguiente orden:

Tu artificio ha sido invertido.
Tu maleficio ha sido devuelto.
Por la Fuerza, el Fuego y la Voluntad Ingeniosa,
serás la víctima de tu propio mal.

Todos estos actos deberían realizarse en un estado emocional de ira justificada, especialmente la parte en que apagas la vela y la muerdes. Deja que la vela se consuma del todo. Al final, puedes recoger la cera y la tierra y dejarlas en la casa de tu enemigo o lanzarlas al agua en movimiento.

Velas de inversión de doble acción

Hay otro hechizo con vela para invertir un maleficio en el que se utiliza una vela especial, a veces llamada «vela de inversión de doble acción». Esta vela tiene la parte superior blanca, lo cual representa la eliminación del maleficio en tu vida, y su base es negra para devolver el maleficio a quien te lo envió. La forma en que se utiliza es untando la vela con aceite de inversión. Es posible que puedas conseguir aceites para situaciones como ésta en cualquier tienda en la que vendan este tipo de velas, pero si quieres prepararlo tú mismo, empapa un poco de eneldo, ruda y ruda cabruna en un buen aceite de transmisión, como aceite de almendras o aceite de oliva virgen. Sostén la vela horizontalmente, con la base mirando hacia ti, y frota el aceite desde la base hasta la parte superior hacia fuera, lejos de tu cuerpo. Mientras lo haces, concéntrate en invertir el maleficio o la circunstancia adversa, devolviéndolo al lugar de donde provino.

Si conoces la identidad de la persona a la que se lo estás enviando, deberías conseguir una foto (u otro objeto que sirva de vínculo) y colocarla debajo de la vela. Si no conoces su identidad, entonces simplemente coloca un papel debajo de la vela dirigido a «aquellas personas que me hacen daño». Pon una gota de aceite de inversión en cada una de las cuatro esquinas y en el centro del papel o la foto.

Enciende la vela y reza:
Sombra, escucha mi llamada a ti,
Enemigo despreciable,
lleno de odio,
Puedes ser malévolo si quieres,
porque yo soy más malévolo aún.
Te entrego a Hécate para que te devuelva
el maleficio maldiciéndote
mientras la cera se derrite
enterrando tu poder en el suelo.

Deja que la vela se consuma del todo. Luego recoge la cera y los artículos personales y entiérralos cerca de un cruce de tres caminos. Si no es posible, puedes hacerlo en un cementerio (pero no sobre una tumba, porque sería excesivo). La idea es que estás sellando el hechizo al entregárselo a Hécate Ctonos, que habita en el inframundo.

ESCUPIR EL MALEFICIO

La hierba galangal, conocida por los hechiceros del vudú como «Little John», es muy famosa por su uso para influir en los casos en los tribunales. Un acusado podría masticar un poco de Little John y luego escupirlo en el tribunal para influir en su favor. Lo que no es tan conocido es que ese mismo hechizo se puede utilizar para devolver maleficios. Una vez más, intenta «sintonizar» mentalmente con la frecuencia del maleficio. Luego, introduce trozos de raíz de galangal en tu boca y mastícalos. Mientras lo haces, piensa en lo enfadado que estás por el daño que te han hecho y lo justificado que está que lo devuelvas a su origen. Enciéndete con estos pensamientos de justicia y, en el clímax, escupe la raíz con fuerza en dirección al lugar donde está tu enemigo. Si puedes realizar esta inversión en el lugar donde vive la persona que originó el maleficio, mejor todavía. Si no consigues adivinar la fuente del maleficio, entonces escupe la raíz hacia el oeste. Cuando hayas terminado, regresa caminando a tu casa y no mires atrás. Cuando llegues a tu hogar, haz un ritual de destierro.

LA LÁMPARA DE LA INVERSIÓN

La lámpara de la inversión se enciende para hacer retroceder cualquier mal que se haya lanzado contra ti. Para fabricar la lámpara, agujerea la mitad de un coco y llénalo con aceite vegetal. En el aceite, coloca nueve agujas, nueve alfileres, nueve clavos, nueve trozos de ruda cabruna y un poco de eneldo, sal y ruda. Haz flotar una mecha con un trozo de corcho (en prácticamente todas las tiendas esotéricas se puede encontrar mechas especiales) y enciéndela mientras realizas la siguiente invocación:

Clavos, ruda cabruna, ruda, sal y eneldo,
impedid que mis enemigos hagan su voluntad,
pues quieren hacerme daño.
Mantenedlos en su propia agonía,
escuchad mi voluntad transmitida a vosotros.
Por la palabra y la voluntad, así será.

Es mejor encender esta lámpara en el exterior, pero si no dispones de jardín puedes colocarla en la ventana. Enciende la lámpara todos los viernes durante siete semanas. Asegúrate de que tenga siempre suficiente aceite. Añade más cuando sea necesario.

LA JAULA DE ESPEJO

Ya hemos hablado de los espejos en la sección sobre la protección del hogar. Por razones obvias, el espejo es una herramienta clásica para devolver hechizos a quienes los envían. Otra manera de utilizar un espejo en un hechizo de inversión es conseguir una caja pequeña (yo uso cajas con forma de tumba, que se pueden comprar en las fechas cercanas a Halloween, pero cualquier caja que tenga tapa sirve) y revestir su interior con fragmentos de espejos, asegurándote de cubrir la superficie todo lo posible. Haz un muñeco que simbolice a tu enemigo: puede ser una simple efigie de cera (incluso podría ser una vela de cera con la forma de una figura) o un muñeco de trapo relleno de musgo español y algunas hierbas apropiadas. Si tienes algún artículo que fue utilizado en el embrujo original, como unos polvos o una mano de conjuro, o si tienes un vínculo personal con tu objetivo, como un cabello o una tela, entonces deberías introducirlo en el interior del muñeco; si no los tienes, incluye un papel con un nombre dentro del muñeco o graba el nombre de la persona sobre el muñeco. Si no conoces el nombre del hechicero ofensor, simplemente escribe: «La persona que trabaja en mi contra».

Sostén el muñeco con la mano izquierda y traza una cruz sobre él con la mano derecha. Mientras trazas el brazo vertical de la cruz, di: «Yo te bautizo (nombre de tu objetivo)». Si no conoces el nombre de la persona que es tu objetivo, puedes sustituirlo por la palabra *sombra*. Mientras trazas el brazo horizontal de la cruz, pronuncia: «Tú estás en mi poder».
Coloca el muñeco dentro de la caja que has revestido con espejo por dentro y di lo siguiente:
(Nombre del objetivo), por tu propio bien te ruego que no crees más problemas,
porque atormentarme para tu propio beneficio sólo te traerá más sufrimiento;
porque yo soy un/a hijo/a de Hécate y ella es más poderosa que tú.
A partir de este momento, todo propósito maligno será enviado de vuelta a tu cabeza

en el nombre de Neboutosaoaleth, Ereshkigal y Aktiophis.

Y por mi propia palabra y voluntad, tú serás tu propia víctima.

Cuando hayas pronunciado el encanto y cerrado la caja, deberías colocarla en un lugar seguro en tu altar o enterrarla en algún sitio como, por ejemplo, un cruce de caminos. Este hechizo tendrá el efecto de reflejar cualquier cosa que haga el brujo o la bruja atacante, devolviéndosela tanto si es buena como si es mala.

Antes de dejar el tema de las inversiones, me gustaría decir que, aunque es posible que se haga más justicia devolviendo el daño a quien lo envió, a veces esto sólo hará que esa persona recurra a medidas más volátiles contra ti, con lo cual tú tendrás que recurrir a medidas más fuertes para evitarlas. Ciertamente, así es como empiezan las guerras, y, como ocurre en las guerras mundanas, el coste suele ser superior a la ganancia. Obsesionarte con invertir maleficios suele tener como consecuencia que acabes echándolos tú y ello puede desembocar en una vida obsesiva. Tu vida entera, como la de Heathcliff en *Cumbres Borrascosas*, que sólo devolvía los sufrimientos que él recibía, puede quedar atrapada en una red de venganza justificada. A mi modo de ver, ésa no es una buena forma de vivir la vida ni una manera eficaz de enfrentarte a los intrusos, de modo que te ofrezco algunas técnicas de contramagia destinadas a deshacerte de tu enemigo.

Contramagia

Definiremos la contramagia como una magia que se realiza para neutralizar un ataque, pero que no es una forma directa de protección, ni tampoco de inversión de dicho ataque. Ciertamente, las posibilidades son amplias, e incluso podría incluir tus propios maleficios ofensivos. No obstante, puesto que éste es un libro enfocado a la protección, y hay suficientes maneras de enfrentarse a estas situaciones sin generar una magia ofensiva, renunciaré a enseñar cualquier cosa que pretenda hacer daño directamente a un enemigo. Nos centraremos en amarrar, confundir y expulsar, técnicas que se utilizan para conseguir que un enemigo deje de enfocarse en hacer daño, sin ir más allá y acabar haciendo daño nosotros también.

Puesto que las técnicas de contramagia se centran en retirarnos del entorno de un enemigo, o en retirar al enemigo de nuestro entorno, son las más útiles para enfrentarnos a los peligros nomágicos. Si alguien está amenazando tu vida o las vidas de tus seres queridos con violencia física, los escudos y los amuletos pueden tener cierto efecto, pero a la larga necesitarás alejar a esa persona de tu vida para estar a salvo.

Del mismo modo que no te recomiendo que intentes tratar problemas médicos o psicológicos sin consultar primero a profesionales en esos ámbitos, la contramagia tampoco debería ocupar el lugar de los profesionales de la aplicación de la ley cuando uno se enfrenta a una persona peligrosa. Si alguien ha amenazado tu vida o las vidas de tus seres queridos, creo que tienes todo el derecho de usar los siguientes métodos de amarre, expulsión, confusión y silenciamiento contra esa persona, pero te estarías haciendo un flaco favor si no te pones en contacto con las autoridades. Ciertamente, en estos casos, el amarre o la expulsión tienen un efecto por lo general *mediante* la actuación de las autoridades.

Tanto si el peligro al que te enfrentas es mundano como si es espiritual, con la contramagia puedes poner fin a los problemas muy persistentes y a las guerras continuas.

Amarrar e influir

Los amarres se utilizan para impedir que alguien haga algo en particular o para influir en gran medida en alguien para que haga alguna cosa (en este caso, dejarnos en paz a nosotros y a nuestros seres queridos).

POLVOS PARA IMPOSIBILITAR

Del mismo modo que se utilizan polvos como el polvo de bobos para echar maleficios y para maldecir, y otros polvos como el polvo de ladrillo rojo para la protección, también en la contramagia se usan polvos. Unos buenos polvos de amarre son los famosos polvos para imposibilitar, que se preparan con raíz de regaliz, raíz de cálamo aromático y tacuache, molidos hasta formar un polvo y que luego se mezclan con algún polvo base como, por ejemplo, talco. Posteriormente, los polvos resultantes se colocan en un lugar que nuestro objetivo vaya a pisar o a tocar. Si se van a dejar en el suelo para «enviarlos por los pies», debe hacerlo mientras camina hacia atrás. Los polvos suelen colocarse formando un diseño de cinco puntos similar al que se ve en los dados. Otra forma de hacerlo es llevar los polvos en el bolsillo y traspasarlos al dar la mano a la otra persona directamente. Una manera antigua de pasar los polvos es espolvorearlos sobre una carta y enviársela por correo a nuestro objetivo, asegurándonos de que sólo haya una cantidad indetectable (no queremos que nos arresten por provocar una alarma de ántrax).

Este polvo puede ser especialmente eficaz si te vas a enfrentar al enemigo cara a cara para solucionar vuestras diferencias. Si se utiliza de esta manera, puedes poner una capa de polvo en tu mano o asegurarte de que la otra persona entre en contacto con el polvo en algún momento de la conversación. Una vez que lo haya hecho, deberías intentar concentrar tu mirada en la frente de tu enemigo, en su entrecejo. Si logras concentrarte, tu voluntad será como un rayo láser en ese punto: podrás dominar la conversación y afectar a la mente de tu objetivo. Como mínimo, utilizando la mirada de esta forma, cualquier intento mágico de hacerte lo mismo será devuelto o neutralizado.

EL ENCANTO DEL ENREDAPIÉS

El encanto del enredapiés es un antiguo hechizo inglés para amarrar usando un cordón. Puede usarse para impedir que alguien haga alguna cosa en particular. Esa cosa podría ser un maleficio u otro tipo de acoso, pero también algo distinto, como ir a trabajar. Incluso en los casos puramente altruistas, debes recordar que la magia se manifiesta de una forma natural y debes estar dispuesto a aceptar las consecuencias de tus actos.

Hace unos años, una amiga mía estaba siendo acechada y acudió a mí en busca de ayuda. Utilizando como vínculo una carta que el hombre le había escrito, usé el encanto del enredapiés para amarrarlo e impedir que siguiera acechándola. Durante una semana y media no se produjo ningún cambio. El hombre se sentaba delante de la casa de mi amiga por las noches y la llamaba constantemente. Pensé que quizás el hechizo no había funcionado y que tendría que utilizar algo más fuerte. Entonces, una noche, mi amiga oyó un estrépito que procedía del exterior de la ventana de su habitación. Cuando miró hacia fuera, vio que había una escalera en el suelo y que el acechador estaba tendido sobre la cerca. Se había roto las dos piernas y tenía otras lesiones menores. Esto bastó para que pudiera ponerle una demanda. El hombre dejó de acecharla. Me sentí feliz de aceptar la responsabilidad de aquello, pero sé que algunas personas no se sentirían así. Una vez más, insto al lector a que haga lo posible por adivinar cuál será el desenlace de su trabajo.

Para realizar el encanto del enredapiés necesitarás algún vínculo con la persona que es tu objetivo, el cual deberás atar a un cordón rojo. Sosteniendo el cordón rojo en tu mano izquierda, concéntrate en lo que deseas que tu enemigo deje de hacer. Haz nueve nudos en el cordón, empezando por los dos extremos y avanzando hacia el centro de esta manera: -1-3-5-7-9-8-6-4-2.

Al hacer cada nudo, pronuncia el siguiente conjuro:

(Nombre de tu objetivo), yo te conjuro. Por el poder de la tierra,
    estás enredado. Por el poder de la roca, estás amarrado. Por
    el poder del barro, estás encadenado. Inmovilizado por el
    peso del suelo.
Incorpora el artículo personal de tu objetivo en el noveno nudo.

Cuando hayas terminado, ve a un cruce de caminos y entierra el cordón ahí. Di lo siguiente:

(Nombre de tu objetivo), entierro tu poder de (el de hacerte daño
    o de cualquier otra cosa para la que estés realizando el
    amarre). Torcido y enredado,
encadenado y amarrado, yo te entierro
y te envío al suelo

Aléjate del lugar y no mires atrás.

EL AMARRE DEL CEMENTERIO

Existe otro amarre excelente en el que se utiliza la tumba de un soldado o de un policía.

Toma el vínculo material de la persona que te ha hecho daño, como puede ser una foto o un trozo de tela, y envuélvelo con nueve trozos de ruda cabruna, o con alguna enredadera. Si dispones de un poco de plomo, envuélvelo con plomo (el metal de Saturno). De lo contrario, puedes envolverlo en papel de aluminio con el lado brillante hacia dentro. Llévalo a la tumba del ser querido, el pariente o el soldado, y haz una ofrenda de whisky o de diez centavos como si estuvieras recogiendo tierra del cementerio. Haz un agujero poco profundo ahí donde creas que está ubicada su mano derecha y entierra el amuleto.

En este hechizo es mejor que uses tus propias palabras, hablándole directamente al espíritu que está en la tumba. Debería ser algo similar a esto:

(Nombre del espíritu que está en la tumba), acudo a ti para
    pedirte ayuda. (Nombre del enemigo) me ha hecho daño y no
    quiere dejarme en paz
Te lo entrego a ti. Mantenlo lejos de mí hasta que yo regrese por él.
Acepta mi pago y haz esto por mí, te lo ruego.

Márchate del lugar donde está la tumba y no vuelvas nunca más. Obviamente, si se trata de una tumba que sueles visitar con frecuencia, por motivos de magia o sentimentales, ésa *no* es una buena tumba para este hechizo. Deberías asegurarte de que es una tumba que no volverás a visitar jamás.

PARA QUE DEJEN DE HABLAR DE TI

Dicen que el siguiente hechizo impide incluso que el enemigo hable de ti. Consigue una lengua de vaca. Envuelve tus vínculos con el enemigo con un papel que tenga el siguiente sello de Saturno sobre él, cubriendo el nombre de esa persona.

Si quieres, puedes aplicar sobre el papel aceites y polvos de amarre.

Abre la lengua de vaca con un corte y coloca el papel y el sello en su interior; luego, cósela para cerrarla. Guarda la lengua en la parte posterior de tu congelador y pronuncia lo siguiente:

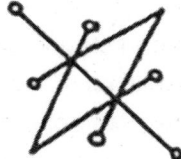

Figura. 7.1

Ereshigal, Nocticula, Hécate
¡Extendeos y observad mi rito!
¡Agarrad la lengua de mi enemigo!
¡Que ni siquiera sus palabras existan!
¡Sigy! ¡Sigy! ¡Sigy!
¡Así será!

Otra manera de silenciar al enemigo (o a un vecino ruidoso, por ejemplo) es usando una simple bolsa grisgrís que contenga raíz de regaliz, corteza de olmo americano y helecho «tia pito» (*Ophioglossum coriaceum*). Introdúcelo todo en una bolsa negra y colócala debajo de la puerta de la casa de la persona o en alguna parte de su jardín o su vivienda.

Confusión

Cuando el amarre no es posible, otra manera de conseguir que el enemigo deje de trabajar contra ti sin hacerle daño directamente es mediante ritos de confusión. Algunos consideran que éste es un tipo de maleficio en sí mismo, pero los hechizos de confusión se utilizan desde hace muchos años en el vudú y en la brujería. Cuando uno se enfrenta a un enemigo obsesivo que después de que se hayan realizado ritos de protección e inversión no se da por vencido, entonces cierta confusión puede ser una manera suave pero eficaz de lidiar con él.

POLVOS DE CONFUSIÓN

Estos polvos se utilizan de la misma manera que los otros y, a mi modo de ver, son una de las mejores formas de echar este tipo de hechizo. Hace un par de años tuve un cliente que corría peligro de perder su negocio porque el propietario de una cadena de restaurantes quería el espacio que este hombre poseía. Además, esa persona estaba haciendo circular rumores sobre mi cliente y le estaba provocando todo tipo de problemas en el pueblo para obligarlo a mudarse. Lo peor es que mi amigo creía que un familiar del propietario de los restaurantes era brujo y estaba haciendo magia contra la tienda. Por una experiencia anterior, yo sabía que sus sospechas eran fundadas y, tras realizar varias lecturas, decidí que la mejor opción era lanzar un hechizo de confusión.

Un día de Luna nueva, rodeé el restaurante con polvos de confusión y, mientras lo hacía, le recé a Hécate. También los espolvoreé sobre los felpudos. Al poco tiempo, empecé a oír quejas sobre el restaurante y éste no tardó en cerrar por cuestiones sanitarias. Poco después, el inversor que iba a ayudar a comprar la tienda de mi amigo se echó atrás.

Este ritual funcionó casi exactamente como lo planeé, y me sentí satisfecho con los resultados. No obstante, debo recalcar que siempre deberías realizar una adivinación para tener una idea de cuáles van a ser los resultados. Yo estaba absolutamente preparado para aceptar la responsabilidad de que a este individuo le cerraran el restaurante temporalmente y tuviera que sufrir otros problemas menores, pero si la lectura me hubiera indicado que algunas personas sufrirían daños graves por mi hechizo, habría utilizado otra cosa. En este sentido, los hechizos de confusión son complicados porque pueden ser la causa de accidentes de tráfico y todo tipo de problemas más serios. Pero no estoy aquí para darte un sermón, sino únicamente para decirte que debes ser responsable de tus actos.

Los polvos de confusión se preparan con semillas de amapola, grama y semillas de mostaza negra que se añaden a una base de, por ejemplo, talco. Algunas personas dan color a sus polvos; si lo haces, el color apropiado en este caso sería el rojo. Si quieres provocar discusiones y riñas, así como confusión, entre tus enemigos, añade pimienta negra y roja. La misma receta podría utilizarse para preparar no sólo unos polvos, sino también un aceite o un incienso. El brujo listo o la bruja lista será capaz de emplear las tres cosas, como ocurre en el siguiente hechizo.

EL MUÑECO DE CONFUSIÓN

Si hay una persona en tu vida que esté causándote problemas perpetuamente y enviándote ataques psíquicos, pero es alguien con quien no puedes cortar los vínculos por completo como, por ejemplo, un miembro de tu familia, entonces podría ser una buena idea hacer un muñeco de confusión de esa persona, que podrás activar a voluntad. Para hacer el muñeco, consigue el mejor vínculo personal que puedas. Construye la estructura con dos trozos de madera atados en forma de cruz. Puedes hacer el cuerpo del muñeco con tela de ropa de la persona que es tu objetivo; si eso no es posible, utiliza tela roja y haz un cuerpo alrededor de la cruz usando una combinación de musgo español y grama envueltos en la tela. Puedes hacer la cabeza del muñeco con arcilla o utilizar la cabeza de algún otro muñeco o muñeca. Si usas arcilla, mezcla semillas de amapola y de mostaza negra con la arcilla antes de hacer la cabeza. Si utilizas la cabeza de otro muñeco, rellénala con las semillas.

Con tu mano derecha, traza una cruz por encima de la muñeca. Mientras trazas la barra vertical, pronuncia: «Yo te doy el nombre de (nombre de la persona que es tu objetivo)». Mientras haces la barra horizontal, di: «Tú eres (nombre de la persona que es tu objetivo)».

Enciende un poco de incienso de confusión comprado en una tienda o preparado por ti con todas las hierbas mencionadas antes, y sostén el muñeco sobre el humo con tu mano izquierda. Mientras lo sostienes, recuerda todo el daño que esa persona te ha hecho en el pasado. Enciéndete con una ira justificada y desea que se haga justicia. Deja que esto fluya hacia el interior del muñeco mientras pronuncias las siguientes palabras:

Inimicus Carpo!

Mareado y aturdido,
contrariado y confuso,
perdido en el humo del engaño,
yo te agarro firmemente.
Desconcertado y amarrado,
arrojado a la confusión,
por la palabra y la voluntad dirigidas a ti:

¡Que la confusión invada a (nombre de la persona que es tu objetivo)!

Expulsar

El último tipo de contramagia que quiero tratar es el de la expulsión, más comúnmente conocido en hechicería como «pies calientes». Este tipo de magia tiene como objetivo conseguir que una persona se aleje del todo de tu entorno. Normalmente se trata de expulsar a una persona de una casa, de un empleo o de una ciudad. Como con otros tipos de contramagia, empezaremos utilizando unos polvos.

POLVOS DE LOS PIES CALIENTES

En términos generales, en los polvos de los pies calientes se puede utilizar cualquier cosa que pique o escueza. Mi receta favorita para estos polvos contiene pimienta roja y negra, avispones u hormigas rojas machacados, azufre, semillas de amapola y sal de bruja (sal que ha sido ennegrecida con hollín). Estos polvos se utilizan de una manera similar al resto y son particularmente potentes si pueden ser «enviados por los pies», haciendo que la persona camine sobre ellos o introduciéndolos en sus zapatos. Una de mis maneras favoritas de usarlos es espolvorándolos sobre el felpudo o en la oficina de la persona que es mi objetivo y luego dejar caer un poco en cada uno de los cruces de caminos que hay en el trayecto de salida de la ciudad, rezando cada vez que los dejo caer para que la persona en cuestión se mude.

Un hechicero que conozco utiliza el rito católico del exorcismo cuando celebra este tipo de ritos, pero a mi me gusta el siguiente conjuro:

¡Por el fuego de Azazel!
¡Te envío al desierto!
Barra! Edin Na Zu!
Barra! Edin Na Zu!
Barra! Edin Na Zu![39]

OTRO MÉTODO PARA «ENVIAR POR LOS PIES»

Si no consigues que la persona camine sobre los polvos, otra manera tradicional de enviar por los pies es «recogiendo» la huella de la persona. Hace unos años, un amigo íntimo tenía problemas con un compañero de trabajo y me contó que estaba padeciendo una racha de fuertes dolores de cabeza y de mala suerte. Me explicó en confianza que la persona con la que tenía problemas practicaba la magia y que creía que, probablemente, le había echado un maleficio. Me dijo que necesitaba mi ayuda. Las lecturas indicaron que estaba en lo cierto, de modo que utilicé un hechizo de inversión para devolverle la magia. Durante un tiempo pareció que funcionaba, pero luego se reinició el ataque. Lo volvimos a hacer una vez más, pero ocurrió lo mismo. Era evidente que necesitábamos separarlos del todo. Le ordené a mi amigo que vigilara a su objetivo y comprobara adónde iba cuando salía de la oficina. Le indiqué que recogiera discretamente un poco de polvo de algunas de las huellas de sus zapatos, y eso hizo. Me trajo el polvo y lo mezclé con pimienta roja y negra, azufre y algunos avispones machacados. Introduje todo esto en un frasco y lo lancé a un arroyo de agua que fluía. Mientras lo hacía, pronuncié las siguientes palabras:

Por Aqueronte, por Cocito, por Flegetonte, Estigia y Lete:
¡Te echo fuera!
¡Que no quede siquiera
el recuerdo de tu nombre! Por Aqueronte,
por Cocito,

---

39. Esta frase es sumeria y significa «Fuera de aquí, ¡vete al desierto!».

por Flegetonte, Estigia y Lete,[40]
¡Fuera! ¡Fuera! ¡Fuera!

Poco después de lanzar este hechizo, la persona que era nuestro objetivo encontró un trabajo en el que le pagaban mejor y se mudó. Esto resultó ser lo mejor para todos. De hecho, si te preocupa causarle un daño a alguien, puedes añadir hierbas de bendición, como angélica, a la mezcla de los polvos de expulsión, para ayudar a que la persona en cuestión pase a tener unas mejores circunstancias.

Una variante interesante de este tipo de hechizo fue registrada por el sacerdote y antropólogo Harry Middleton Hyatt. En lugar de introducir en un frasco el polvo de las huellas y lanzarlo a un río, su informante le habló de introducir el polvo y los materiales de los «pies calientes» dentro de un cartucho de escopeta y lanzarlo lejos, ¡mientras le rezas a Jesús por la persona que debe desaparecer de tu vida! No he probado este método jamás, pero sólo por lo dramático debe de ser poderoso.

LOS ESPÍRITUS EN LA CONTRAMAGIA

En la contramagia también se puede utilizar a los espíritus. Muchos de los espíritus guardianes de diversas tradiciones también cumplen esta función. En el Tíbet, por ejemplo, una forma de la diosa Tara conocida como Osel Chenma cabalga montada en un cerdo y lleva una aguja y un hilo que utiliza para coser los ojos y las orejas de los enemigos. Muchos ángeles y espíritus de los grimorios también pueden ser convocados para que amarren y expulsen a algunas personas de tu vida, y puedes seguir las instrucciones que aparecen en esos textos para invocarlos. Yo, en particular, he utilizado a Zazel, el espíritu de Saturno de los tres libros de la filosofía oculta de Agripa, para amarrar, con excelentes resultados.

---

40. Éstos son todos los nombres de los ríos del Hades. El último, el Lete, es el río del olvido, e indica no sólo que la persona que es el objetivo ha sido alejada, sino que puedes olvidarla por completo.

El espíritu guardián Apoxias, de quien hablamos en el capítulo anterior, también puede ser utilizado en la contramagia, y destaca en los amarres, la confusión y la expulsión. Para usarlo de esta forma, deberías montar un altar con su botella delante de ti. Alimenta la botella con energía y recita el mantra de invocación, IO APOXIAS IO HO. Cuando sientas que has conseguido su atención, deberías pedirle que amarre, confunda y expulse de tu vida a la persona o espíritu que te está atormentando. Si deseas asegurarte de que la persona que es tu objetivo no sufra ningún daño, puedes decirlo. En los casos en los que tu vida está en peligro, puedes elegir dejar que Apoxias actúe como quiera. Como siempre, debes asumir la responsabilidad de tus propios actos. Si tienes algo que sirva de vínculo con tu objetivo, deberías doblar un papel alrededor de esa cosa, teniendo cuidado de hacerlo *lejos de ti*. Dibuja el sello de Apoxias en el papel y coloca la botella encima de él. Si el vínculo personal es demasiado abultado para caber dentro de la botella, en lugar de introducirlo colócalo delante de ella.

LOS ELEMENTALES ARTIFICIALES EN LA CONTRAMAGIA

En el capítulo sobre los guardianes ya hablé un poco sobre los elementales artificiales. También se les puede dar un gran uso en el campo de la contramagia, pero en lugar de centrarnos en la tierra y el agua, nos enfocamos en los elementos aire para la confusión y fuego para expulsar. Recapitulando, un elemental artificial es una forma-espíritu creada por el mago e imbuida del poder de uno o más de los cuatro elementos y a la que se le otorga temporalmente una consciencia artificial a través de la voluntad del hechicero.

Lo primero que necesitarás será un nombre y una declaración de propósito. Puesto que en el capítulo anterior ya he proporcionado la forma general de cómo crear un espíritu artificial, podría resultar útil usar un ejemplo de la vida real. Un grupo ocultista al que yo pertenecía en Filadelfia había admitido a una persona que, poco después, demostró que era peligrosa tanto desde el punto de vista mágico como mundano. Aunque este hombre no atacó directamente a ningún miembro del grupo, varias personas se sintieron amenazadas y quedó claro que algunas de sus actividades eran delictivas, por decir lo mínimo. Un amigo y yo decidimos realizar un rito de expulsión y, para ello, creamos a un elemental artificial del fuego. Puesto que el elemento era el fuego, el planeta asociado a lo que nosotros queríamos era Marte. Tomamos esas dos palabras, *fuego* y *Marte* y creamos el nombre RAMSIEF. Combinando esas letras para formar un sello, obtuvimos la figura 7.2.

Incorporando la influencia del signo del zodíaco Aries, decidimos que Ramsief aparecería como un humanoide muy grande, con cabeza de carnero y seis brazos, cada uno de los cuales sostendría un hacha en llamas. Otro método que podríamos haber usado para todo esto, y que quizás hubiese sido mejor, es el de hacer una invocación al elemento fuego y al planeta Marte, pidiéndoles inspiración. Quizás habríamos recibido una visión del elemental, el nombre y el sello durante la meditación o en un sueño. Pero en este caso decidimos construirlo enteramente nosotros mismos.

Después de abrir un círculo e invocar a las *atalayas* de la forma típica, marcamos un triángulo en el altar y empezamos a respirar por los poros de la piel al elemento fuego, cuyas cualidades son el calor, la sequedad y la expansión. Cuando ya habíamos reunido la suficiente cantidad del elemento fuego en nuestros cuerpos, la proyectamos hacia el interior del triángulo, primero visualizando que se acumulaba en forma de nubes de llamas y luego viendo cómo tomaba la forma de Ramsief. Una vez que se hubo formado la figura y tanto mi compañero como yo pudimos «verla», sacamos nuestras varitas (la herramienta asociada al Fuego en nuestra tradición) y apuntándolas hacia Ramsief, nos dirigimos a él de este modo:

Figura 7.2 Sello de Ramsief

166

Por los Señores de la Puerta del Sur, por los Blancos de la Hora del
    Mediodía,
por los Espíritus Soberanos de Noto, y por todos los *Djinn* del
    Desierto,
te doy el nombre de Ramsief,
tú eres Ramsief.
Avanza y expulsa a (nombre de tu objetivo) de esta ciudad. Haz
    que deje de estar entre nosotros,
logra esto en el espacio de tres Lunas. En la tercera Luna llena,
tanto si has cumplido con tu tarea como si no, desvanécete y
    regresa al elemento fuego
y busca la paz del olvido.
Atiende a mis palabras y haz mi voluntad.
Fiat! Fiat! Fiat!

En todos los casos de inversión y de contramagia, siempre deberías acordarte de hacer una adivinación y asegurarte de que realmente estás siendo víctima de un ataque espiritual de otro ser humano, y no experimentando circunstancias adversas producto de tus propios errores o como retribución de algún tipo de espíritus.

Deberías intentar, en la medida de tus posibilidades, ver el resultado de tus hechizos, porque debes asumir la responsabilidad del desenlace. A menos que tengas algún tipo de consultorio mágico profesional, es probable que sólo necesites estas lecciones en dos o tres ocasiones a lo largo de toda tu vida. Por lo general, las personas que se encuentran constantemente envueltas en enfrentamientos psíquicos no están siendo víctimas de un ataque real, sino que tan sólo emplean lo oculto para atraer algún drama a su aburrida existencia.

Si descubres que eres el blanco de ataques mágicos con mucha frecuencia, te sugiero que te preguntes por qué. Cambiar de amigos y de estilo de vida te resultará más beneficioso que todas las inversiones y toda la contramagia del mundo. Dicho esto, los ataques mágicos *sí* ocurren, y dominar las técnicas que aparecen en este capítulo te puede ayudar a conservar la salud y el bienestar en situaciones difíciles.

COMENTARIO DE LA NUEVA EDICIÓN

Los reveses y contramagia de este capítulo son sólidos. Estoy contento con ellos. Lo único que quiero abordar es la idea de identificar al atacante. Las tradiciones mágicas de todo el mundo tendrían que basarse en la adivinación para saber si alguien te está atacando, y eso es lo que he seguido en el libro. Quiero enfatizar esto ahora: si estás planeando un contraataque dirigido, una maldición o una represalia, *la adivinación no es suficiente*.

La adivinación es un punto de datos. La inteligencia procesable se compone de muchos tipos diferentes de datos que se corroboran entre sí. Como afirmé en la nueva introducción, el número de personas que ni siquiera conozco, que piensan que les he maldecido porque alguien lo adivinó, ha sido algo chocante. Tengo claro que muchos lectores optarán por confirmar las sospechas de un cliente en aras del drama, o para venderle contramagia, o simplemente para evitar la incomodidad que supone decirle a alguien que está equivocado.

En varias ocasiones, alguien ha acudido a mí después de visitar a tres o cuatro lectores diferentes. Cada uno de ellos le confirmó una maldición, pero cada uno identificó a un culpable diferente. En lugar de cuestionar las lecturas, el cliente asume que las tres partes le están maldiciendo activamente. Así que déjame decirte: no, tu madre, tu ex y esa persona con la que te peleaste por Internet no están encendiendo velas contra ti. Probablemente ninguno de ellos lo esté haciendo. Puede que te rías, pero son ejemplos reales.

Yo utilizo la adivinación y espero que tú también lo hagas, pero a veces, cuando hay pocas posibilidades de que información verificable contradiga una lectura, la gente pone demasiada fe en ella. ¿Invertirías los ahorros de tu vida basándote sólo en una adivinación? Probablemente no. La tratarías como un dato más y harías otro tipo de investigación. Por favor, trata la identificación de un enemigo al que vas a atacar con el mismo cuidado. Si no sabes con certeza razonable quién está trabajando contra ti, identifica «mi enemigo» o «la persona que trabaja contra mí» en tu contramagia. La mayoría de las veces funciona igual de bien y puede que te sorprenda la persona que de repente enferma o tiene que marcharse repentinamente.

Capítulo VIII

Sanación y recuperación

Cualesquiera que sean las circunstancias particulares de tu situación, cuando las cosas se aclaren y hayas agotado todos los métodos de ataque y de defensa, es el momento de hacer limpieza y retomar tu vida normal. Después de haber reafirmado tus defensas habituales y reparado las grietas de la fortaleza, tendrás que ocuparte de tus heridas. Los efectos residuales de un ataque mágico pueden permanecer como si fueran un ataque en sí mismo. Estos problemas van desde síntomas físicos como dolores y achaques, hasta síntomas psicológicos como el insomnio, la depresión y una ansiedad inexplicable. Las condiciones externas como rachas de mala suerte y la sensación de estar desfasado del tiempo son incluso más probables.

En todos los casos, el tratamiento oculto no debería sustituir al tratamiento médico. Deberías consultar a médicos, terapeutas y psicólogos cuando sea apropiado. También resulta beneficioso buscar ayuda de sanadores psíquicos profesionales de la tradición a la que perteneces, ya sea un practicante de reiki o un chamán local.

La primera y la mejor manera de hacer reparaciones después de un ataque es rezando y mediante actos de devoción. Da las gracias a los dioses y a los espíritus que han cuidado de ti en tus momentos de necesidad. Si no adoras a ningún dios, dirige tu devoción a los seres iluminados que te han antecedido y que te sirven como guías en el camino. Dirígela al universo mismo. No me corresponde a mí decirte cómo rezar o a quién rezarle, pero sí quiero recalcar el asombroso potencial de la oración energizada. Una vez más, te remito al consejo de Israel Regardie, quien afirmó: «Enciéndete con la oración».

Sanar el hogar y las relaciones

Antes de entrar en los detalles de la sanación de uno mismo o de otra persona, sería una buena idea que primero te aseguraras de preparar la casa. Puedes empezar haciendo un destierro en cada habitación y luego usar los lavados de suelos de limpieza e inversión de los que hablamos en el capítulo sobre la protección del hogar. Cuando la casa esté despejada, será bueno que le proporciones una atmósfera de paz usando los siguientes métodos.

PERFUMAR EL AMBIENTE

Como probablemente has estado quemando mucho incienso durante tu defensa, así como para limpiar la casa, creo que es mejor evitar los inciensos de paz poscombate. Si realmente quieres quemar incienso, te recomiendo que uses fragancias muy simples, como sándalo, lavanda o una combinación de incienso y mirra. Si no quieres quemar incienso, una buena forma de crear una atmósfera espiritual de calma es colocar pastillas de alcanfor en las esquinas de la estancia, ya que el alcanfor es conocido por serenar a los espíritus, al desprender tan sólo un ligero aroma. Otro buen método es colocar mezclas de hierbas por toda la casa. Yo utilizo una combinación de canela, pino y sándalo para ayudar a cultivar la calma.

AGUA DE PAZ

En Nueva Orleans dicen que la famosa «reina del vudú», Marie Laveau, inventó un popular método para traer paz al hogar, que incluye un lavado de cinco aguas, compuesto de agua de lluvia, agua de río, agua de manantial, agua de mar y agua bendita de una iglesia. Si no tienes acceso a alguna de estas aguas, puedes sustituirla por agua florida. Puedes usar el agua de paz como lavado de suelos, o simplemente rociarla por la casa. Otro método para conseguir agua de paz es simplemente ir añadiendo capas de aceite y de agua alternativamente en una botella: la idea es que estás esparciendo aceite de unción sobre aguas turbulentas.

ENDULZAR LAS RELACIONES

Uno de los síntomas más comunes de un ataque mágico son los problemas en las relaciones. Si durante el ataque experimentaste dificultades con tu pareja, tus hijos u otras personas en tu vida, una buena manera de endulzar la situación es usar un bote de miel. Lo único que necesitas es un bote, mucha miel, unos cuantos dulces como, por ejemplo, melaza y azúcar, y un artículo personal de cada una de las personas que necesitan sanar la relación. Lo mejor es que todas las personas que van a estar vinculadas a la botella tengan conocimiento de que se va a realizar el hechizo y te entreguen el artículo vinculante de buena gana, aunque esto no es estrictamente necesario.

Coloca todos los artículos dentro del bote y enciende una vela blanca encima de él mientras dices:

Por la miel, el azúcar y todas las cosas dulces,
establezco la comprensión y la paz.
Que la buena voluntad reine entre tú y yo.
Como es mi deseo, así será.

Si tu intención es sanar las relaciones entre tu pareja y tú, guarda el bote en el dormitorio, y si quieres que funcione para toda la familia, guárdalo cerca de la chimenea. Si el ataque ha causado problemas sexuales, puedes hacer uno sólo para ti y tu pareja, y añadir fluidos sexuales y vello púbico al bote, así como artículos de amor como la raíz de Adán y Eva (*Aplectrum hyemale*), pares de sanguinaria de Canadá, lirio de Florencia, lirio americano y el siempre popular hueso de pene de mapache.

Sanar a la persona

Después de haber creado una atmósfera de paz y buenas relaciones en la que poder convalecer, ahora debemos dedicarnos a cuidar de nuestras propias heridas. Del mismo modo que repasamos la casa con un lavado de suelos y con incienso, también deberías asegurarte de lavar todos los restos de tus problemas recientes con alguno de los baños de limpieza espiritual e inversión que han aparecido en este libro. Además, puedes completar los elementos pasándote el humo de alguno de los inciensos de exorcismo de los que hablamos antes, o quemando salvia y rodeándote del humo que desprende. Para ello, puedes pedir a otra persona que pase el humo alrededor de tu cuerpo, o puedes colocar el incienso debajo de una silla y dejar que el humo ascienda a tu alrededor mientras meditas o te relajas.

Relajación

Para combatir los sentimientos de ansiedad y estrés que suelen acompañar a un ataque mágico, he descubierto que resulta beneficioso usar los siguientes métodos de relajación. El primero implica cierto tiempo y debería hacerse más o menos una vez al día. Básicamente, lo único que tienes que hacer es concentrarte en cada una de las partes del cuerpo y *ordenarles* que se relajen. Empieza por los dedos del pie derecho. Concéntrate en ellos y diles que se relajen. Siente cómo lo hacen. Pasa a los dedos del pie izquierdo y haz lo mismo. Pasa a la planta del pie izquierdo y haz lo mismo. La parte superior del pie izquierdo viene a continuación. Luego la planta del pie derecho. Luego la parte superior del pie derecho. Y a continuación las pantorrillas izquierda y derecha.

Continúa subiendo por el cuerpo, asegurándote de pasar por la parte delantera y trasera de cada parte. Asciende hasta la coronilla. Toma nota de cualquier resistencia que sientas en tu cuerpo con la orden de relajarte. Pasa un tiempo adicional en esa zona. Si quieres, puedes visualizar que una luz dorada sanadora asciende por tu cuerpo hacia la parte en la que te estás concentrando, aunque esto no es necesario. Todo el proceso debería llevar de 20 a 30 minutos al principio, pero cuando le encuentres el tranquillo y consigas relajarte más en general, sólo implicará entre 10 y 15 minutos.

El segundo método que recomiendo para la relajación puedes usarlo en cualquier momento para liberar la tensión. Con este método tensas todo el cuerpo, empezando por los dedos del pie y subiendo hasta la coronilla. Deja que esta ola de tensión intencionada te inunde y se lleve cualquier tensión que hayas sufrido antes del ejercicio. Mantén todo tu cuerpo en tensión un instante y luego suéltalo todo de golpe. Siente cómo la tensión sale de tu cuerpo y penetra en la tierra.

Cuando hayas dejado ir la tensión, inspira profundamente, llenando primero las cámaras inferiores de tus pulmones y luego las superiores. Espira, vaciando las cámaras superiores y luego las inferiores. Esto se denomina «la respiración del jarrón», porque los pulmones se llenan como jarrones llenos de agua. Respira así unas cuantas veces y, poco a poco, aleja tu mente de la respiración, dejando que se vuelva más natural. Este tipo de respiración es relajante y es beneficiosa para la salud porque oxigena la sangre mejor que las inspiraciones breves, superficiales, que normalmente realizamos.

Ir al compás del tiempo

Uno de los efectos más curiosos de algunos tipos de ataques mágicos es que pueden hacer que la gente tenga un desfase con el tiempo, de lo cual ya hablamos en el primer capítulo. Lo que quiero decir con esto es que la vida tiene un ritmo natural y que la persona sana está en armonía con ese ritmo. Alguien que no está en armonía con este ritmo podría descubrir que llega tarde continuamente a las citas o demasiado pronto, según los demás. Las oportunidades perdidas son numerosas y parece que nunca consigues estar en el lugar adecuado en el momento correcto. La gente suele decirte cosas como: «Si hubieras llegado antes…», o «Qué lastima que te fueras justo en ese momento». Este problema tiene varias soluciones. Uno de los motivos por los que tantos laicos en el Tíbet toman la iniciación de Kalachakra,[41] a menudo miles

---

41. Kalachakra significa, literalmente, «rueda del tiempo» y hace referencia a toda una serie de rituales, yogas tántricos, textos médicos y profecías. La leyenda de Shangrila deriva de las profecías de Kalachakra, que predicen que el sagrado reino espiritual se manifestará físicamente en el futuro para derrotar a los musulmanes en una guerra mundial.

a la vez, es porque corre el rumor de que dicha adquisición de poder pone remedio a esta situación. Un método más sencillo que me enseñaron es que, cuando el Sol sale y cuando se pone, debes cerrar los ojos y visualizar una esvástica girando en tu frente, rodeada de otras cuatro esvásticas que también están girando. La esvástica es un símbolo de eternidad que se utiliza en todo el planeta, y su movimiento giratorio está sincronizado con el movimiento giratorio de todo el universo. Esta meditación sencilla y poderosa, si se realiza como una práctica diaria durante aproximadamente un mes, hará que vuelvas a seguir el ritmo del tiempo.

Sanar la suerte y la prosperidad

Algunos creen que la suerte y la prosperidad de una persona son parte de su constitución psíquica y de su karma. Como comentamos en el primer capítulo, una de las quejas más habituales que hacen que la gente crea que está siendo víctima de un ataque es que siente que le han echado un maleficio. Este maleficio sobre la suerte puede tener un efecto residual incluso después del ataque. Si después de que el ataque ha finalizado sientes que tu suerte y tu prosperidad se están viendo afectadas, lo más inteligente sería emplear métodos diseñados específicamente para mejorarlas.

Existe una inmensa cantidad de hechizos mágicos y rituales diseñados para atraer la buena suerte y el dinero, y animo al lector a que estudie el tema en profundidad. De momento incluiré un baño con tres ingredientes y una fórmula de bolsa de conjuros de tres ingredientes que te ayudarán a reparar tu suerte después de un ataque.

BAÑO PARA LA SUERTE / PROSPERIDAD

Prepara una infusión de canela, sasafrás y azúcar, y luego añádela al agua de tu bañera. La canela atrae el dinero y la buena suerte y aleja las desgracias. El sasafrás te ayuda a quedarte con aquello con lo que te encuentras y el azúcar permite endulzar en general.

MANO DE CONJURO DE SUERTE / PROSPERIDAD

Una raíz de orquídea macho, una raíz de tacuache y corteza de canela. La canela es para atraer el dinero. La orquídea macho es para asir las oportunidades. El tacuache es para tener inteligencia y poder personal. En cuanto a las instrucciones para las manos *mojo* en la sección sobre los amuletos, deberías alimentar la mano con algún aceite para las situaciones, como el aceite de suerte rápida al estilo de Nueva Orleans, que se prepara con aceite de canela, aceite de vainilla y aceite de gualteria.[42]

Usar a los aliados para sanar

Si has estado haciendo ofrendas con regularidad a los dioses, los espíritus y el mundo que te rodea, como indiqué en el segundo capítulo, entonces, tanto si se han dado a conocer como si no, ¡tienes unos aliados poderosos! No hablo de espíritus específicos o encarnados en animales, sino en los árboles y las rocas y los ríos de la tierra en la que vives. Debido al vínculo que has creado a través de las ofrendas, estarán más que dispuestos a ayudarte en la sanación.

Para realizar este tipo de sanación deberías ir a un lugar en la naturaleza en el que sientas una presencia especialmente fuerte. Un árbol viejo, el mar o una gran roca son buenos ejemplos. Siéntate y entra en un estado receptivo a las energías de esos lugares. Explica que te han hecho daño y que necesitas ser sanado.

A través de cualquier medio del que dispongas, deberías entrar en trance. Puedes hacerlo con el sonido intenso de tambores, mediante el control de la respiración, la autohipnosis, la meditación y cualquier combinación de todo ello y otros métodos. Una vez que has entrado en trance, deberías intentar «entrar» en la dimensión espiritual del lugar en el que te encuentras. Es imposible explicar la manera exacta de hacerlo, ya que es una función del estado de trance, pero deberías intentar averiguarlo por ti mismo. No es tan difícil como parece. Si no lo consigues durante el trance, puedes intentar quedarte dormido en ese lugar y entrar en su dimensión espiritual a través de un sueño lúcido.

Cuando hayas entrado en la dimensión espiritual, busca a los genios del lugar. La apariencia de estos espíritus puede ser muy variada,

---

42. Esta fórmula del aceite está tomada de la antropóloga y hechicera Zora Neale Hurston de su excelente libro *Mules and Men,* Harper and Row, 1990.

pero siempre están en el centro de las cosas. Una vez más, explica tu situación y pregunta si el lugar puede absorber el daño sin peligro. A menudo, estos espacios de la naturaleza pueden absorber las fuerzas que nos molestan y procesarlas sin recibir ningún daño, como si se tratara de comida. Lo que es veneno para un ser no es veneno para todos. Si ellos están de acuerdo, ofréceselo a los genios y dales las gracias. Cuando regreses a tu conciencia normal, deberías hacer otra ofrenda, ya sea en tus propias palabras o usando la ceremonia de ofrenda del segundo capítulo.

Sanación de transferencia y sacrificio

En muchos tipos de magia popular se transfieren los casos graves de enfermedad a animales, los cuales son sacrificados posteriormente. En el vudú suele hacerse con una gallina, la cual es frotada por todo el cuerpo de la persona afectada mientras la enfermedad es atraída hacia el interior del animal. Los chamanes nepaleses, llamados *Jhankris,* hacen lo mismo con un huevo, colocándolo junto a la parte afectada del cuerpo de la persona y haciendo que el daño salga del paciente mediante el sonido de tambores y entonando mantras sanadores.

Puedes usar el método del huevo para la autosanación. Para ello, debes rezar con fervor a los dioses y llamar a la luz del espíritu para que entre en tu cuerpo. Para conseguirlo puedes usar la invocación de la columna o simplemente imaginar que una luz blanca purificadora desciende desde el espacio infinito y entra a través de la coronilla de tu cabeza, llenando tu cuerpo de luz, expulsando la enfermedad física y emocional mientras lo hace. Coge un huevo y reza una oración a tus deidades. Frota el huevo por tu cuerpo, empezando por la cabeza y descendiendo. Esto le proporciona a la enfermedad un lugar adonde ir, en lugar de volver a establecerse en el cuerpo.

Cuando hayas terminado, deberías llevar el huevo a algún lugar y enterrarlo con respeto. Exactamente igual que si hubieras utilizado una gallina viva, aquello que era una vida potencial te ha hecho un favor al absorber tu enfermedad, sacrificándose en el proceso. A pesar de que se trata tan sólo de un huevo, deberías hacerle una ofrenda al espíritu de esa vida potencial y enterrarlo en el suelo con respeto, donde la enfermedad podrá ser absorbida por la madre tierra.

Sanación áurica

Cuando el cuerpo, la mente y el espíritu están sanos, el aura de energía que rodea a la persona tiene una forma ovalada que se extiende más allá de la piel, varios centímetros, en todas direcciones. Un ataque mágico y psíquico puede dañar seriamente el aura de una persona y hacer que ésta se deforme. Incluso algunas técnicas de sanación que expulsan la enfermedad, como el método del huevo, pueden dejar un agujero en el aura, del mismo modo que un tumor extirpado de la piel deja una cicatriz que debe llenarse y sanar.

La mejor manera de volver a dar forma al aura es dejando que un sanador experto o un chamán lo haga por ti.

No obstante, existen métodos que puedes utilizar tú mismo si es necesario. Para lograrlo, debes trazar un círculo lo bastante grande como para que puedas tumbarte dentro de él sin tocar sus bordes.

Empieza por el norte. Mira hacia fuera e invoca a los poderes de esa región:

Yo invoco al toro negro del norte y a los dioses de la noche.
Gobernantes de las montañas y los espíritus de los gnomos, Señor de Bóreas, el viento del norte,
y todos los príncipes de los poderes de la Tierra, yo os agito, os convoco y os llamo.
Abro las puertas y os llamo a este círculo,
¡Salid y mirad!

Muévete hasta el este e invoca:
Yo invoco al águila del este y a los dioses del amanecer.

Gobernantes del viento y los silfos que giran, Señor de Euro, el viento del este,
y todos los príncipes de los poderes del aire, yo os agito, os convoco y os llamo.
Abro las puertas y os llamo al círculo.
¡Salid y mirad!

Muévete hasta el sur e invoca:

Yo invoco al león del Sol y a los dioses del mediodía.

Gobernantes del desierto y veloces *djinn*, Poderes de Noto, el
   viento del sur,

yo os agito, os convoco y os llamo. Abro las puertas y os llamo al
   círculo

¡Salid y mirad!

Muévete hasta el oeste e invoca:

Yo invoco a los portadores de agua y a los dioses del crepúsculo.

Gobernantes de las profundas y fluidas ondinas, Señores de
   Céfiro, dios del oeste,

y todos los príncipes de los poderes del agua, yo os agito, os
   convoco y os llamo.

Abro las puertas y os llamo al círculo

¡Salid y mirad!

Tras haber invocado a los cuatro puntos cardinales, ahora deberías
ir al centro del círculo y mirar hacia el norte. El motivo por el cual
estás orientando el círculo hacia el norte en lugar de hacerlo hacia
el este, como es habitual, es porque estás trabajando con campos
magnéticos en lugar de hacerlo con el movimiento de la luz y la
oscuridad. Invoca a los poderes de arriba y de abajo:

Yo invoco a la paloma de las grandes alturas y a la serpiente de
   las profundidades.

¡Yo abro los poderes del cielo!

¡Yo abro los poderes de la tierra!

¡Yo abro los pilones de los cielos!

¡Yo abro los pilones del inframundo!

Yo llamo a los poderes del cenit y el nadir para que vengan al
   círculo

¡Salid y mirad!

Túmbate dentro del círculo con la cabeza en el norte.

A todos los poderes de las alturas,

> a todos los poderes de las profundidades, a todos los poderes del
>   horizonte:
> me alineo con vosotros.
> Que mi propia presencia esté en armonía con la vuestra. Como es
>   arriba, es abajo.
> Que así sea.
>
> Quédate ahí acostado durante un rato y deja que los poderes de
> los puntos cardinales ajusten magnéticamente tu campo energéti-
> co. Cuando hayas acabado, sal del círculo en silencio. No hay ne-
> cesidad de cerrarlo.

El poder de este rito reside en la idea de la antigüedad de que el hombre es, en sí mismo, una imagen que refleja al universo, y al invocar al macrocosmos, tu microcosmos se alineará con él. Cada vez que realizo este ritual, descubro que es asombrosamente poderoso. No sólo se debe usar después de un ataque mágico, sino que también puedes emplearlo en cualquier momento si sientes que está desequilibrado o enfermo.

En una ocasión, cuando realicé este rito después de un golpe emocional particularmente traumático, me sorprendió ver que unos seres reales llegaban desde las seis direcciones y trabajaban en mi aura para sanarme. No prometo que todo el mundo vaya a obtener estos resultados, porque ése ni siquiera es el propósito declarado del ritual, pero he creído que valía la pena mencionarlo.

La recuperación del alma

En Occidente, que tiene influencias judeocristianas, tendemos a ver el alma como algo singular, algo que uno *es* en lo más profundo, en lugar de verla como algo que está formado por diferentes partes. Pero no todas las culturas la ven de la misma manera. En lugar de verla así, la ven como algo que existe en varias partes, algunas de las cuales pueden ser separadas del resto del ego, causando un gran sufrimiento y muchos problemas emocionales, psíquicos y espirituales.

En el antiguo Egipto, por ejemplo, se creía que la persona estaba constituida por una serie de partes distintas. Además del *kha*, o cuerpo físico, también estaban el *ka*, el *ba* y el *aj*. El *ka* es la estructura psicológica de la persona y después de la muerte es como un doble del cuerpo físico que, por lo general, está ligado a los planos inferiores. El *ba* viaja continuamente del cielo a la tierra y viceversa, y es el que recibe las ofrendas funerarias cuando se realizan. El *aj*, también llamado *khu*, es completamente el opuesto al *kha*, en el sentido de que es el yo más altamente espiritual y eterno.

En Tíbet se habla del *namshe* (rnam-shes) y de *la* (bla). El *namshe* es la consciencia que se reencarna de una vida a otra y lleva el karma de la persona. El *la* es una estructura emocional y está más conectada a esta encarnación particular y al ego. En determinadas circunstancias puede salir del cuerpo y fragmentarse, perderse o ser robado. Los tibetanos tienen muchos rituales para recuperar el *la*, llamados *la-gug*.

En el vudú haitiano, el alma también es vista como algo que está formado por dos partes: el *gros bon anj* y el *ti bon ang*, que se traducen como «gran ángel bueno» y «pequeño ángel bueno», respectivamente. El *gros bon anj* es el que viaja al cielo cuando uno muere, y está conectado fundamentalmente a Dios. El *ti bon ang* es un poco como el *la* tibetano y está conectado a ti como individuo. Al igual que el *la*, el *ti bon ang* puede perderse, fragmentarse o ser robado. Es el *ti bon ang* el que es capturado y controlado en los famosos ritos de zombificación.

La tradición *feri* de brujería de Victor y Cora Anderson divide al alma en tres partes llamadas la *pegajosa*, el *cuerpo brillante* y el *paracleto*. La *pegajosa* es la naturaleza animal e infantil que corresponde aproximadamente al *yo* freudiano. El *cuerpo brillante* es el intelecto y la capacidad mental, que se extiende desde los niveles racional y lógico hasta los niveles psíquico y energético. El *paracleto* es espíritu puro y representa tu propia divinidad, conectándote con tus ancestros, con los dioses y con el universo en su totalidad.

El *Caldero de la Poesía*, del siglo VII, un poema bardo de Irlanda, habla de los tres calderos que forman el alma en las tradiciones celtas. También encontramos múltiples almas en la hermética, la cábala y el sufismo. Con independencia del sistema de antropología del alma (literalmente, el estudio de lo que constituye a un ser humano) en el que creas, la mayoría están de acuerdo en el hecho de que hay algún aspecto del ser que puede separarse del resto y, por lo tanto, debe ser recuperado para que la persona pueda volver a estar entera.

En general, un alma se puede dividir de tres maneras. Puede ser turbada por un trauma o una conmoción, puede ser ahuyentada por una vergüenza y una culpa abrumadoras, o puede ser robada por medios ocultos. Cada una de estas tres situaciones requiere un método de remedio distinto para hacer que el alma vuelva a alinearse con el resto del ser. La recuperación del alma es un trabajo complejo y, al igual que el exorcismo, es mejor dejárselo a los especialistas en ese campo. Por desgracia, los expertos en este campo son pocos y están muy dispersos, y deberías saber al menos un poco sobre lo que es necesario en cada uno de estos tres casos. En cada uno de ellos, hablaré en términos de recuperar el alma para otra persona. Si sientes que necesitas una recuperación del alma, entonces deberías encontrar a alguien que lo haga por ti, ya que no estarás en condiciones de hacer el trabajo. Ésa es la naturaleza de este trabajo.

Cuando el alma es sacudida por un trauma o una conmoción y se suelta, la gravedad de la situación puede ser de diversos grados, dependiendo directamente de lo grave y prolongado que haya sido el trauma. Por ejemplo, un dolor breve y agudo, como el que podrías experimentar en un accidente automovilístico, puede sacudir al alma y soltarla. Esto también puede ser provocado por una conmoción emocional, como cuando descubres que tu pareja te ha dejado o que un miembro de tu familia ha muerto inesperadamente. Si alguna vez has experimentado la desorientación y la parálisis que pueden acompañar a estas experiencias, entonces sabes lo que se siente al perder parte de tu alma temporalmente. Por suerte, el efecto suele ser temporal y el alma permanece cerca hasta que es atraída otra vez al cuerpo por su naturaleza.

Si el alma no regresa automáticamente, el mejor método para recuperarla es tan sólo hacer que el cuerpo anfitrión esté lo más relajado y alegre posible, para que el alma encuentre que ése es el lugar más deseable para estar. Se pueden crear ceremonias que incluyan sensaciones placenteras como un masaje y un banquete para intentar atraer al alma para que regrese.

181

Los casos de un trauma prolongado provocan situaciones más horribles. Es muy probable que las almas de los prisioneros de guerra o los niños que han sufrido maltratos durante un largo período de tiempo no permanezcan cerca esperando para volver a entrar en ellos. En esos casos, el alma suele estar escondida en algún lugar cerca de donde se perdió. A menudo, está cerca del agua o de un árbol alto, ya que ésos son escenarios originales que son reconfortantes para nuestros espíritus. En casos así, el brujo o la bruja debe reparar primero, de la mejor manera posible, cualquier daño psíquico y energético que haya sufrido el cuerpo, como en la ceremonia de sanación áurica de las páginas 177-179. En este tipo de casos, el paciente también debería estar bajo el cuidado de un profesional de la salud mental que pueda tratar los problemas psicológicos que hayan surgido a causa del trauma. Además, esto preparará al cuerpo para recibir al alma que retorna.

La recuperación del alma en este caso es más difícil que simplemente hacer que la víctima se relaje. En casos así, la bruja debe apoyarse en los dioses y en sus aliados espirituales para buscar al alma y guiarla en su retorno. La alternativa es que la bruja o el brujo viaje en el espíritu, busque al alma y le pida que regrese. Si tienes la capacidad para hacer esto y encuentras al alma, simplemente recógela con tus brazos y vuelve a tu propio cuerpo. Puedes devolver el alma a su propietario alargando las manos y soplando suavemente para empujar al alma hacia el corazón de la persona.

En los casos en que el alma ha sido ahuyentada por una gran vergüenza o culpa, la parte más difícil del problema es conseguir que la persona se enfrente a la causa. A menudo, hay algún acto inmoral que ella ha justificado en su mente racional y que, secretamente, en lo más profundo, encuentra aborrecible. El conflicto ha llevado, de manera literal, al alma a salir del cuerpo, y debe ser resuelto para que el alma pueda ser recuperada. Por lo general, esto se consigue con dos métodos: o la persona hace una confesión y acepta sus actos, dándose cuenta de que su sentimiento profundo era correcto y que ha obrado mal, o se da cuenta de que en realidad el acto no era inmoral en absoluto y que su mente profunda reaccionó así por su formación social, en lugar de hacerlo por un verdadero sentido del bien y el mal. En el primer caso, por ejemplo, una persona que ha golpeado o matado a alguien sin una provocación previa podría ser capaz de racionalizarlo por muchos medios, pero en lo más profundo de su ser sabe que fue un acto inmoral. Esta persona necesitará confesar y aceptar esto para poder recuperar su alma. En el segundo caso, es posible que alguien que tiene relaciones homosexuales sepa que no hay nada malo en ello moralmente y que tan sólo está siguiendo su inclinación natural, pero aun así sufre debido a una programación religiosa y social que le dice que está cometiendo un acto atroz. En este caso, la mente profunda debe ser alineada con el pensamiento racional para que el *yo* sane y sea capaz de aceptar al alma. Cuando la culpa o la vergüenza ha sido resuelta, el alma puede ser recuperada exactamente de la misma manera que se ha explicado.

Una vez más, quiero señalar que no soy un profesional de la psiquiatría y, a menos que tú lo seas, la persona que está sufriendo una pérdida del alma debido a una culpa y una vergüenza intensas debería ser atendida por un profesional. No pretendas ser algo que no eres, o causarás más problemas de los que resuelvas.

En el último caso, en el que el alma es robada por otra bruja u otro mago, ciertamente tenemos un serio problema. El alma debe ser hallada y llevada de vuelta a la fuerza. Puesto que el mago que realiza este tipo de magia suele tener que amarrar el alma a un objeto físico, puedes encontrar el objeto y recuperarlo si sabes quién lo ha robado. Puedes usar los métodos que desees para hacerlo, incluyendo los diversos métodos de contramagia que se ofrecieron en el capítulo anterior, u otros medios más serios.

Lo único que quiero decir es que nada de lo que escriba en este libro tiene la intención de promover las actividades ilegales, de manera que si te sientes obligado a entrar en el templo de otra persona, buscando una trampa de almas, es asunto tuyo.

Si no consigues llegar al lugar en el que está guardada el alma, o si no sabes quién la tiene, aun así puedes recuperarla mediante intercesión divina. Debes hacer una petición a tu deidad en favor de la persona afectada y pedirle, humilde pero francamente, que recupere y devuelva el alma, incluso si ello provoca un daño a la persona que la robó, o incluso la muerte.

Si trabajas con Hécate, por ejemplo, podrías usar la siguiente orden:

Yo te saludo, madre de los dioses con muchos nombres, cuyos hijos son justos.

Yo te saludo, poderosa Hécate del umbral, guardiana de las llaves del mundo.

Yo te saludo, Enodia, vigilante de las encrucijadas y los tres caminos.

Baja, nocturna e infernal.

Tú que caminas desmelenada y salvaje entre las tumbas y los terrenos de cremación.

Cubierta de azafrán, coronada con hojas de roble y anillos de serpientes.

Tú que eres seguida por hordas de fantasmas, perros y espíritus inquietos.

Pero eres a la vez la luminosa emperatriz de los reinos Empíreos.

Acudo a ti en busca de ayuda. Hécate Ctonia, reina de las brujas, un alma ha sido robada injustamente.

Tú que eres la señora suprema de los amarres y la hechicerías.

Tú que tienes cabellos de serpiente y estás rodeada de serpientes y cuyo vientre está cubierto con piel de serpiente.

Acudo a ti en busca de justicia.

Tú eres más grande que cualquier hechicero del mundo, pues conduces a Deméter a través del Hades con
la luz de sus antorchas gemelas.

Guía a esta alma para que retorne a (nombre de la víctima). Propolos, conduce al alma de regreso a su hogar.

Propylaia, protégela de los peligros y el daño. Phosphoros, ilumina el camino con tus antorchas gemelas. Kourotropos, entrega el alma a (nombre de la víctima) como le entregarías un niño a su madre.

Cuando regreses, nos regocijaremos y cantaremos tus alabanzas.

Yo te saludo, madre de los dioses de muchos nombres, cuyos hijos son justos.

Yo te saludo, poderosa Hécate del umbral, guardiana de las llaves del mundo.

Si Hécate tiene éxito, tanto tú como el paciente deberíais hacerle una ofrenda, tal y como se describe en otras secciones del libro.

Cualesquiera que fueran las causas y las condiciones de la pérdida del alma, quiero instarte una vez más a que lo intentes tú solo únicamente después de haber agotado todas las demás opciones. Es mejor si puedes trabajar dentro de la cosmovisión del cliente. Una persona que practica el vudú y cree que un *bokor* le ha robado el alma responderá mejor a los métodos utilizados por un *houngan* o un *mambo*. Un budista responderá mejor a los métodos empleados por un lama. Un cristiano responderá mejor a los métodos usados por un sacerdote o un ministro. Todos estos profesionales reciben una formación que va mucho más allá de lo que puede ofrecerse en un libro tan breve como éste.

Un brujo sabio conoce sus límites y trabaja dentro de ellos.

COMENTARIOS DE LA NUEVA EDICIÓN

Éste es probablemente el capítulo más olvidado del libro. Nunca me preguntan por él. El problema es que es uno de los capítulos más importantes. Si has sufrido un verdadero ataque mágico o psíquico, necesitas tiempo para sanar y recuperar tus energías. Incluso si te has defendido con éxito, todavía puedes tener una herida abierta que necesita sanar.

Mi consejo es que después de un ataque mágico serio no hagas nada durante un mes. Ni magia, ni meditación, ni trabajo psíquico. Nada de nada. Sólo descansa. Netflix y relax.

Si necesitas curación, prueba los métodos de este libro, y si precisas una curación más seria que ésta, acude a un especialista. Tanto si se trata de medicina o de psicología estándar como de terapias alternativas, la curación es un área de especialización que debe respetarse.

Capítulo IX

Palabras finales

Ya he dicho que los ataques mágicos, psíquicos y espirituales ocurren con más frecuencia de lo que incluso a la mayoría de ocultistas le gustaría admitir. Iré un paso más allá y diré que ocurren todos los días, a todas las personas. Son lanzados no sólo por espíritus ofendidos y magos maliciosos, sino también por empresas importantes y partidos políticos. ¿Dónde acaba un sello mágico de amarre y empieza un logotipo empresarial? ¿Dónde acaba el uso de la programación neuroligüística en las ventas y empieza el uso de amarres mágicos? En este momento de la historia se están empleando las técnicas más avanzadas de manipulación psíquica e hipnosis contra ti en un esfuerzo por controlar tu comportamiento, lo que compras y lo que piensas. Si no se te ha ocurrido que eso es magia, entonces piensa otra vez.

Con suerte, los métodos incluidos en este libro te servirán como armadura, no sólo contra los hechizos y maleficios antiguos, sino también contra otras formas de amarre y de control más aceptadas pero, en muchos sentidos, más insidiosas. En particular, espero que las tres prácticas diarias de destierro, meditación y ofrenda te cambien lo suficiente como para que esos poderes empiecen a perder su influencia. Recuperar tu atención es, quizás, el acto más revolucionario que puedes realizar en el mundo actual, y todas las técnicas que aparecen en este libro pueden utilizarse como herramientas para alcanzar ese objetivo.

En cuanto a los ataques ocultos más tradicionales en los que se centra principalmente este libro, he intentado proporcionar una visión general que abarca varias modalidades de práctica distintas. Algunos tradicionalistas me acusarán de ser demasiado ecléctico en mis métodos. Las personas habituadas a la magia ceremonial quizás se sientan poco entusiasmadas con la magia popular. Las que se sientan cómodas con el vudú quizás no encuentren resonancia con las técnicas de visualización. Las que esperen un libro sobre la wicca moderna estándar ¡posiblemente se sentirán decepcionadas con casi todo lo que he escrito!

He sido ecléctico en mis elecciones por una razón. Ya no vivimos en una cultura puramente tradicional. Las formas modernas de comunicación y de viajes han hecho que el mundo sea mucho más pequeño de lo que solía ser. La posibilidad de que un santero o un chamán peruano se cruce en el camino de un cabalista judío o una bruja británica es ahora muy real. De hecho, ocurre una y otra vez. Sin desviarme de mi camino para buscar a nadie específicamente, conocí a un maestro rosacruz, a un hechicero vudú, a una santera, a un *ngakpa* budista y a varios wiccanos distintos, todos dentro del centro de Nueva Jersey, ¡y a todos ellos antes de cumplir los veinte años!

Cada una de estas distintas tradiciones de magia pone el énfasis en diferentes puntos, y lo que puede funcionar como defensa contra una puede no funcionar como defensa contra otra. Una persona que se apoye únicamente en el ritual menor de destierro del pentagrama de la Orden Hermética de la Aurora Dorada, o en el rubí estrella del Ordo Templi Orientis, podría descubrir que sus defensas se rompen fácilmente cuando alguien deja polvo de bobos en sus zapatos. Asimismo, alguien que se apoye en exclusiva en el polvo de ladrillo rojo y en los amuletos podría descubrir que es vulnerable a los ataques de los demonios goéticos convocados por el oficiante de la ceremonia.

La magia funciona a varios niveles distintos: los niveles físicos y los niveles etéreos cerca de los físicos, los niveles astrales y energéticos, y los niveles mentales y puramente divinos. Las diferentes tradiciones de magia del mundo ponen el énfasis en diferentes niveles. Por ejemplo, el vudú y otros tipos de magia popular ponen un gran énfasis en el nivel físico, a través del uso de objetos materiales como polvos y amuletos, y también en el nivel divino, mediante el uso de la oración para consagrar esos artículos.

El vudú no se centra tanto en los niveles energéticos y astrales, aunque eso no quiere decir que no los usen en absoluto. La magia ceremonial, por otro lado, pone un gran énfasis en los niveles energéticos, lo cual puede verse en los rituales en los que se trazan pentagramas o hexagramas en el aire; excepto por los utensilios de la ceremonia, no se interesa tanto por la magia física como lo hace la magia popular. En un mundo en el que puedes encontrarte con cualquier tipo de practicantes de magia sin tener que viajar muy lejos, es necesario que puedas defenderte en todos estos niveles.

Sin embargo, no quiero que mi eclecticismo desemboque en un diletantismo, como tienden a hacer tantas obras del eclecticismo moderno. Con este fin, he incluido un apéndice con fuentes para ahondar más en las diferentes tradiciones dentro de su propio medio y marco cultural. He recibido una formación bastante ortodoxa en cada una de las tradiciones a las que he recurrido y que me han inspirado, y quiero rendir homenaje y mostrar mis respetos a cada una de ellas en su propio contexto.

Los métodos presentados deberían ser suficientes para que identifiques cualquier tipo de ataque oculto con el que te puedas encontrar y montes una defensa contra él. No obstante, sigue existiendo la posibilidad de que, hagas lo que hagas, puedas ser derrotado, o que simplemente te enfrentes a algo o alguien con mucho más poder y experiencia que tú. Si descubres que tus defensas están flaqueando, no debes avergonzarte de buscar la ayuda de un grupo o un profesional de algún tipo.

Si buscas ayuda fuera, asegúrate de que las personas a las que recurres tienen una buena reputación en la comunidad y son buenas en su campo. Si lo que necesitas es un profesional, entonces asegúrate de que él o ella no intente cobrarte un precio excesivo por sus servicios. Las tarifas razonables varían dependiendo de la situación, y deberías estar preparado para pagar algo similar a lo que pagarías a cualquier otro profesional como, por ejemplo, un médico. Si el profesional cobra cientos y cientos de dólares, al tiempo que no muestra ninguna señal de estar realizando verdaderamente un trabajo, entonces deberías cortar los lazos de inmediato y buscar en otra parte. Algunos lectores psíquicos se ganan la vida convenciendo a las personas de que les han echado un maleficio y cobrando cifras exorbitadas para eliminarlo.

El lector notará que el libro proporciona hechizos específicos para algunas cosas y sólo una orientación general para otras. Esto se debe a que, más que ofrecer una enseñanza de hechizos de defensa, lo que espero es proporcionar una estrategia general y un marco para que te enfrentes a los ataques que puedan ser utilizados por cualquier persona en cualquier situación. Trabajando para mí mismo, para mis amigos y mis clientes, jamás me he encontrado con la misma situación dos veces y, por eso, quiero que mis lectores puedan usar esta guía para diseñar una defensa a medida para cualquier ataque con el que se puedan topar.

Sufrir un ataque mágico puede ser una cosa horrible. Cuando las brujas y los magos niegan cada vez más lo que está ocurriendo, ¿a quién se puede recurrir? Cuando los libros que pretenden dar a las personas una formación en brujería ni siquiera mencionan nada específico sobre los maleficios y los ataques, ¿cómo van los lectores a saber qué hacer para defenderse?

En un mundo en el que una cantidad sin precedentes de personas está siendo guiada por el laberinto de la brujería y la magia, principalmente a través de los libros, tengo la esperanza de que este libro pueda llenar algunos de esos agujeros en la formación y proporcione un instrumento en el que la gente se pueda apoyar en caso de que los problemas surjan en su cabeza.

Resulta significativo que esté terminando este libro en la candelaria, una época en la que, tradicionalmente, la gente enciende velas contra la oscuridad. Si este libro puede servir como una vela que disipa las dudas, las dificultades y los peligros, aunque sea para unas pocas personas, entonces habrá cumplido su propósito.

Que todos los seres tengan felicidad
y las causas de la felicidad.
Que todos los seres estén libres de sufrimiento
y de las causas del sufrimiento.

Que todos los seres no se separen nunca
de la felicidad que no conoce el sufrimiento.
Que todos los seres vivan en ecuanimidad,
libres de ataduras y aversiones.

INOMINANDUM, candelaria de 2006

Apéndice A

Hécate

Hécate es una diosa muy misteriosa y poco comprendida. La mayoría de la gente suele tener una visión limitada de ella, y donde mejor se ejemplifica es en el *Macbeth* de Shakespeare: como diosa de la oscuridad y de la magia negra. Recientemente, los templos neopaganos han intentado acabar con esta reputación malvada pero, desgraciadamente, se han alejado todavía más de la verdad, retratándola como una diosa vieja de la Luna. Aunque durante algunas etapas Hécate fue presentada como una diosa de la magia negra y en sus representaciones romanas posteriores se la vinculaba a la Luna, ella *jamás* fue retratada como una vieja. De hecho, Hécate siempre aparece como una diosa joven.

El nombre Hécate tiene varios significados, y el más aceptado es «la que se lanza lejos» o «la que está lejos». Se cree que Hécate tiene su origen como una gran diosa oriental de Anatolia o Karia. Su primera aparición en la literatura griega fue en la *Teogonía* de Hesíodo y en el *Himno a Deméter*, donde no es una diosa Lunar ni oscura, en absoluto, sino más bien una iluminadora y una guardiana. La *Teogonía* la describe como un titán que se puso del lado de los dioses y, de ese modo, consiguió tener numerosos poderes y dominios, como ser diosa de los juegos y niñera, entre otras cosas. En el *Himno a Deméter*, parece tener una naturaleza casi solar. Ciertamente, cuando vio que Perséfone era trasladada al Hades, estaba con Helios, el dios del sol. Entonces iluminó el camino de Deméter hasta el Hades con sus antorchas gemelas. Lejos de ser una vieja, debido a su aspecto juvenil, se creía que Hécate tomaba el lugar de las mujeres jóvenes que eran sacrificadas para proteger a una ciudad del mal. Tal fue el caso de la hija de Agamenón, Ifigenia, que fue sacrificada para proteger a la flota griega de camino a Troya. Al poseerlas en el último momento, salvó a las jóvenes de la agonía de la muerte.

Aproximadamente en el siglo v a. C., Hécate empieza a desarrollar su elemento ctónico del inframundo, así como su conexión con la brujería. Algunos creen que comenzó a ser identificada con la diosa de Feras en Tesalia, que también se llamaba Enodia, lo que indica que es una diosa de las encrucijadas. Aparte de su forma humana juvenil, aparece en algunas obras de la literatura como alguien que era adorada en formas que incorporan cabezas de animales como leones, serpientes y perros. Debido a su conexión con las encrucijadas, así como a su interés por las mujeres que mueren antes de tiempo, aproximadamente en esa época obtuvo la reputación de una diosa de la brujería y de los muertos. Hécate es invocada a menudo en este aspecto ctónico en los *Papiros mágicos* griegos y en las famosas Tablas de Defixiones de Maleficios de plomo.

En el siglo II, aparece en los oráculos caldeos como una diosa trascendente y mística, sin tener prácticamente ninguna de sus asociaciones ctónicas. Es la esposa de Had, el primer padre, y también de Hadit, el segundo padre, y, por lo tanto, está manifestada y no-manifestada al mismo tiempo.

Hécate es invocada como la patrona de este libro porque ha sido identificada como una diosa que se ha utilizado tanto en la magia defensiva como en la magia ofensiva; es una diosa tanto de la oscuridad como de la luz. En el pasado, su imagen, llamada Hekataion, solía ser tan habitual como amuleto defensivo que Aristófanes lo menciona en *Las avispas* y dice que estaba en todas las puertas de Atenas, lo cual la convierte en una excelente elección como protectora. Las personas que buscaban justicia solían invocar con frecuencia los aspectos más oscuros y más siniestros de Hécate; por lo tanto, es una diosa ideal para los trabajos de inversión y de contramagia.

Aquellas personas que estén interesadas en conocer más sobre ella deberían leer algunos de los siguientes libros:

- *The Goddess Hekate*, de Stephan Ronan
- *Hekate in Ancient Greek Religion* de Rober Von
- *Rotting Goddess: The Origin of the Witch in Classical Antiquity* de Jacob Rabinowitz

Estos tres libros se centran en los orígenes y la historia de Hécate. A partir de ahí se puede avanzar hacia fuentes más históricas, o hacia fuentes modernas, con una base firme en su historia.

Los rituales de este libro están relacionados con un arcano mayor de magia centrado en Hécate, conocido como la hechicería del entrenamiento de Hécate. Puedes encontrar más información sobre esta forma específica de trabajar con Hécate en mi página web.

Apéndice B

Hécate devoto diario

En el capítulo sobre la práctica regular, señalé que los rituales de destierro diarios no son necesariamente deseables, en especial si quieres comunicarte con más facilidad con los espíritus como parte de tu práctica general. Los destierros aún se recomiendan para momentos en los que sientas que estás bajo ataque o potencialmente enfrentado a fuerzas más peligrosas de lo habitual, pero no como algo cotidiano. En su lugar, recomiendo una práctica devocional regular. El siguiente rito breve y el canto serán muy útiles en este sentido.

SALVE, MADRE DE LOS DIOSES, CUYOS HIJOS SON
    HERMOSOS
SALVE, PODEROSA HÉCATE DEL UMBRAL,
    GUARDIANA DEL MUNDO
SALVE A TI, ENODIA, GUARDIANA DE LAS
    ENCRUCIJADAS DE CUATRO Y TRES VÍAS
 INFERIOR, NOCTURNA E INFERNAL
TE INVOCO
CONCÉDEME EL PLACER DE TU PRESENCIA
¡NOCTURNA MADRE! ¡SALVADORA! ¡SEÑORA DE LA
    SOLEDAD!

SEÑORA DE LA LUZ Y DE LAS TINIEBLAS QUE LA
   CONTIENEN, TÚ QUE CAMINAS DESPEINADA Y
   SALVAJE POR TUMBAS Y CAMPOS DE
   CREMACIÓN, VESTIDA DE AZAFRÁN,
   CORONADA CON HOJAS DE ROBLE Y ESPIRALES
   DE SERPIENTES.
TÚ QUE ERES SEGUIDA POR HORDAS DE
   FANTASMAS, PERROS Y ESPÍRITUS INQUIETOS Y,
   SIN EMBARGO, TAMBIÉN ERES LA EMPERATRIZ
   LUMINOSA DE LOS REINOS EMPÍRICOS.
TE INVOCO,
CONCÉDEME EL PLACER DE TU PRESENCIA
KLEIDOKHOUS, CONCÉDEME LA LLAVE DE LOS
   MISTERIOS.
PROPYLAIA, ABRE DE PAR EN PAR LA PUERTA.
PHOSPHOROS, ILUMINA MI CAMINO CON TUS
   ANTORCHAS GEMELAS DE MISERICORDIA Y
   SEVERIDAD.
PROPOLOS, CONDÚCEME POR LOS CUATRO RÍOS.
BRIMO, SACUDE LOS PILARES DE LA PERCEPCIÓN
   CON TU IRA.
PHYSIS, ATA A TODOS LOS DEMONIOS Y PONLOS A
   MI SERVICIO.
KLEIDOKHOUS, CONCÉDEME LA LLAVE DE LOS
   MISTERIOS.
ANASSA ENEROI, REINA DE LOS MUERTOS,
   PERMÍTEME EL CONTACTO CON MIS
   ANTEPASADOS.
HÉCATE CHTHONIA, REINA DE LA HECHICERÍA,
   MAESTRA DE AULLIDOS Y ATADURAS,
   INSTRÚYEME EN LOS MISTERIOS.
QUE LAS TRES MOIRAS ME FAVOREZCAN,
QUE LAS TRES GRACIAS ME BENDIGAN,
QUE LAS TRES GORGONAS ME PROTEJAN,
QUE LAS TRES FURIAS ME VENGUEN.

QUE LA DIOSA DE TRES CARAS CON CABELLOS DE
   SERPIENTE, CEÑIDA DE SERPIENTE, CON
   VIENTRE DE ESCAMAS DE SERPIENTE ¡ESTÉ AQUÍ
   CON MI ESPÍRITU!

Repite el siguiente mantra tantas veces como puedas. Unas
cien veces como mínimo; mil veces es preferible.

IO HEKA IO HO

Cuando sientas que la presencia de Hécate ha sido evocada y esta-
bilizada en tu esfera a través de la llamada y el mantra, puedes pasar a
las ofrendas. Esto puede ser tan simple como frotarse las manos y ofrecer el calor de sus manos, o puede implicar una simple ofrenda de incienso y libación vertida en el suelo. Se trata de una práctica diaria, así
que no te compliques.

TE DOY LAS GRACIAS, HÉCATE, POR TU PRESENCIA
   Y BENDICIÓN.
Y POR LAS BENDICIONES QUE HAS DADO.
TE DOY OFRENDAS Y ALABANZAS EN TODAS TUS
   FORMAS.
DOY OFRENDA Y GRACIAS A LOS MUERTOS
   PREMATUROS QUE TE SIGUEN.
DOY OFRENDAS Y GRACIAS A LOS ESPÍRITUS BAJO
   TU MANDO.
QUE TODOS ESTÉN COMPLACIDOS, QUE TODOS
   ESTÉN EN PAZ.

EGO SE ETELESA CHAIRO!

Apéndice C

Exorcismo de las antorchas gemelas

Como se indica en el capítulo 5 acerca del exorcismo, he decidido ofrecer un breve ejemplo como guion de exorcismo dedicado a Hécate. Es sólo un ejemplo, y el exorcista deberá repetirlo varias veces o ampliarlo.

Hay varias características clave comunes en los guiones de exorcismo sobre las que deseo llamar la atención:

1. Acontecimientos históricos o mitológicos. Los exorcismos católicos recuerdan actos de santos o acontecimientos de los Evangelios y los relacionan con el problema en cuestión: el exorcismo de un espíritu. En este texto, recurro al papel de Hécate en el derrocamiento de los titanes, su guía de Deméter a través del inframundo, su muerte de los gigantes y su papel en los oráculos caldeos, y le digo al espíritu por qué son razones para obedecer.

2. Invocación de poderosos espíritus asociados. En este caso, los guardianes de la esfera de Hekas y conjuntos de tríadas femeninas de la mitología griega. Éstos tienen un efecto casi «envolvente» sobre un espíritu problemático.

3. Invocación de diferentes epitafios o nombres de la deidad central. Existe la idea consagrada de que ciertos nombres o poderes son más

eficaces para frustrar a ciertos espíritus. No es fácil saber de antemano qué nombre es el más eficaz para ahuyentar a qué espíritu. Por eso, antes de que la Iglesia católica estandarizara el Rituale Romanum, los sacerdotes tenían a su disposición volúmenes de diferentes exorcismos. Este exorcismo invoca epitafios de Hécate en grupos aliterados de tres. Hay otros exorcismos más largos dedicados a ella que contienen cien nombres.

Por favor, utilízalo con mucho cuidado y respeto. Si lo usas para liberar a un paciente de una obsesión o posesión, debería haber algunas personas más en la habitación para dar testimonio. Los pacientes poseídos u obsesionados a veces se vuelven físicamente violentos durante los exorcismos, y los aspirantes a exorcistas en ocasiones han cometido abusos bajo el paraguas del exorcismo. Para tu protección y la de los afectados, es absolutamente necesario que estén presentes personas formadas en el tratamiento de problemas de salud mental y en el cumplimiento de las normas legales de atención.

OH, ESPÍRITU QUE OPRIMES A X (nombre de la persona o lugar afligido). YO TE EXORCIZO Y TE VINCULO EN EL NOMBRE DE HÉCATE, QUE TIENE DOMINIO SOBRE LOS DIOSES VIEJOS Y LOS NUEVOS COMO ZEUS LLAMÓ A HÉCATE PARA QUE OBTUVIERA DOMINIO SOBRE LOS TITANES, YO RECLAMO DOMINIO SOBRE TI, (inserta el nombre del espíritu si lo conoces), A TRAVÉS DE SU PODER.

MIENTRAS DEMÉTER PEDÍA A HÉCATE QUE REVELARA EL DESTINO DE PERSÉFONE Y SUPERARA LAS PRUEBAS DEL INFRAMUNDO, LA INVOCO PARA QUE TE NOMBRE, (espíritu X), Y SUPERAR TODO TU PODER.

DEL MISMO MODO QUE HÉCATE HIZO ESCAPAR A LOS GIGANTES CLYTIUS CON SUS DOS BANDAS

DE FUEGO, ELLA TE EXPULSA, (espíritu X),
MIENTRAS SE MUEVE SIN ESFUERZO ENTRE LOS
SIN FUERZA, Y LOS MUNDOS FORMADOS DE
HAD Y HADAD, NO HAY REFUGIO DE SU LUZ, NO
HAY REFUGIO DE SU LUZ POR LOS NOMBRES
SECRETOS AKTIPHIS, ERESHKIGAL,
NEBOTOSOALETH SOIS EXPULSADOS DE LOS
REINOS DE LOS VIVOS, LOS MUERTOS Y LOS
SOÑADORES Y SOIS ATADOS AQUÍ ANTE MÍ

POR EL ALIENTO DIVINO DE HÉCATE Y POR LAS
ESPADAS CENTELLEANTES DE ABAEK, ERES
PERSEGUIDO DESDE EL AIRE.

EL ESPÍRITU ARDIENTE DE HÉCATE Y EL ALIENTO
LLAMEANTE DE PYRHUM TE AHUYENTAN DEL
FUEGO.

LA SANGRE HIRVIENTE DE HÉCATE Y EL CÁLIZ
ENVENENADO DE ERMITI TE EXPULSAN DEL
AGUA.

LA CARNE INCORRUPTIBLE DE HÉCATE Y LOS
GRILLETES DE DIMGALI TE EXPULSAN DE LA
TIERRA.

NO HAY ESFERA QUE ESTÉ FUERA DE SU ALCANCE,
NO HAY LUGAR QUE PUEDA CONCEDERTE
REFUGIO DE SUS ÓRDENES.

TE EXORCIZO, (espíritu X), QUE TE RETIRES DE (x)
PARA NO VOLVER NUNCA MÁS. SI NO ESCUCHAS
Y OBEDECES ESTA INSTANCIA, SERÁS
PERSEGUIDO SIN CESAR POR EL TESORO DE
HÉCATE, YA QUE TODAS LAS TRÍADAS LE
PERTENECEN. ERES TRES VECES EXORCIZADO

Y ATADO POR UN PENTAGRAMA DE TRÍADAS.
¡ERES EXORCIZADO Y ATADO!

LAS SIRENAS TE HECHIZAN CON SU CANTO.
LAS MOIRAS TE ATAN CON SU HILO.
LAS GORGONAS TE PETRIFICAN CON SU MIRADA.
LAS ARPÍAS TE ROBAN EL SUSTENTO CON SUS
    GARRAS.
LAS PIELES TE ARRANCAN DE (x) Y TE LLEVAN
    ENCADENADO A TÁRTARO.
¡EN NOMBRE DE HÉCATE TRIMORPHOS TE
    EXPULSO!
EN NOMBRE DE HÉCATE HEXACHEIRA TE
    EXPULSO, TE EXPULSO.
EN NOMBRE DE HÉCATE SOTERIA TE EXPULSO,
    ¡TE EXPULSO!
¡POR TRIMORPHOS! ¡TRIONYMOS!
¡TRIPHTHOGGOS!
¡ESTÁS ATADO!
¡POR PROPOLOS! ¡PROPYLIA! ¡PROTIRAEA!
¡ESTÁS LIMITADO!
¡POR AOROIBOROS! ¡AOROIDAMNIA!
¡AOROIANAXSIA!
¡ESTÁS SOMETIDO!
¡POR DAMNAMENE! ¡DAMNASENEIA!
¡DAMNODANIA!
¡OBEDECERÁS!
¡POR NYKTERIA! ¡NYKTIFANIA! ¡NYKTIBOOS! ¡ESTÁS
    EXORCIZADO!
¡POR PASIPHAESSA! ¡PASIMEDOUSA!
¡PASIMEDEONSA!
eres expulsado de (x) e irás a (y)
(adonde quieras que corra el espíritu).
¡HECHO!

ACERCA DEL AUTOR

Jason Miller (Inominandum) ha dedicado treinta y cinco años al estudio de la magia práctica en sus múltiples formas. Es autor de seis libros, incluido el ya clásico *Magia para protegerse y combatir los hechizos.* Imparte varios cursos *online,* entre los que se encuentran el Curso de Un Año de Hechicería Estratégica, el Entrenamiento en Hechicería de Hécate y la Escuela Negra de san Cipriano. Vive con su mujer y sus hijos en las montañas de Vermont. Más información en StrategicSorcery.net.

Índice